MEMOIRE INSTRUCTIF,

POUR LA REGIE ET PERCEPTION DES DROITS D'AMORTISSEMENS, FRANC-FIEFS, NOUVEAUX ACQUETS & USAGES.

Sous le Nom de CHARLES BASSET.

Du 26 May 1725.

A PARIS,

Chez la Veuve SAUGRAIN ET PIERRE PRAULT, Imprimeur des Fermes & Droits du Roy, Quay de Gesvres, au Paradis.

M. DCC. XXIX.

MEMOIRE INSTRUCTIF,

POUR la Regie & Perception des Droits d'Amortissemens, Franc-Fiefs, Nouveaux Acquêts & Usages.

AMORTISSEMENS.

LE DROIT D'AMORTISSEMENT, est un des plus anciens de la Couronne, imprescriptible, inalienable & appartenant au Roy seul.

IL est dû par les Gens de Main-morte, pour avoir la faculté de posseder des Biens immeubles, dont ils sont incapables par les Loix du Royaume, & il doit être payé dans l'an & jour de leur Contrat, suivant l'Article XV. de l'Edit du mois de May 1708. au lieu qu'avant l'année 1700. il se payoit de tems à autre, & étoit regardé comme un fond pour les besoins de l'Etat. Edit du mois de May 1708.

Mais ayant été reconnu dans le Recouvrement fait en execution de la Declaration du 5 Juillet 1689. plusieurs difficultés qui provenoient du long espace de tems d'un Recouvrement à l'autre, le payement en a été d'abord ordonné par Declaration du 9 Mars 1700. après l'an & jour des Titres de proprieté, à commen-

cer du premier Janvier 1700. & par Edit du mois de May 1708. il a été ordonné qu'il seroit payé, à commencer du premier dudit mois, dans l'an & jour des Titres de proprieté; & ce Droit & ceux de nouvel Acquêt, & Usages, ont été rêmis en Ferme ordinaire par autre Edit du mois de Septembre 1710.

Edit de Septembre 1710.

C'est en conformité de ces Edits, Declarations, & d'autres Declarations & Arrests intervenus depuis, que la Perception en doit être faite.

Le Droit d'Amortissement consiste, dans les Provinces du dedans du Royaume :

Au tiers de la valeur des Biens & Droits, Rentes & Possessions, qui sont mouvans immediatement du Roy ou tenus de ses Domaines en appanage ou par engagement à titre de Fief, ou qui sont en Franc-Aleu noble.

Au cinquiéme, tant pour ceux qui sont nobles mouvans en arriere Fief du Roy, en quelque dégré que ce soit, que pour ceux tenus en Roture en la Censive & Directe de Sa Majesté, Franc-Aleu, Roturier & Franche-Bourgade.

Et au sixiéme, pour ceux en Censive de Seigneurs particuliers.

A l'égard des Biens, Possessions & Droits situés dans les autres Provinces du Royaume;

Sçavoir,

Declaration du neuf Mars 1700. art. 6.

Dans le Comté de Bourgogne, sur le pied de cinq années de revenu pour les Biens Nobles, & de trois années pour ceux en Roture.

Dans les Provinces de Flandres, Hainault & Artois,

sur le pied de trois années de revenu, des Biens & Droits sans distinction de leurs qualités, à l'exception de ceux appartenans aux Hôpitaux, Charités ou Pauvretés, pour lesquels il est dû une année & demi seulement.

Et dans le Pays & Comté de Roussillon, sur le pied du quart de la valeur, tant des Fonds de terre & Biens immeubles acquis, que des Deniers & choses mobiliaires leguées.

La Regie de Basset, par Arrest du 28 Decembre 1723. a commencé pour les Biens, Fonds & Droits acquis & possedés par les Gens de Main-morte, depuis le premier Janvier 1721. jusqu'au premier Janvier 1724. dont ils n'ont pas payé l'Amortissement à Charles Cordier précedent Regisseur, & pour ceux acquis & possedés depuis ledit jour premier Janvier 1724. jusqu'au premier Octobre 1726. que doit durer ladite Regie, * suivant l'Arrest du 28 Decembre 1723. Arrest du 28. Decembre 1723.

Et encore pour tous les Droits qui ont été négligés par les précedens Fermiers, & pour lesquels ils n'ont pas fait des demandes avant le 22 Aoust 1722. conformément à l'Arrest du 22 Aoust 1719. à l'exception des Provinces & Generalités, pour lesquelles il a été rendu des Arrests de prorogations particulieres. Arrest du 22. Aoust 1719.

L'on entend, sous le nom de Gens de Main-morte, les Ecclesiastiques Beneficiers, Communautés Seculieres & Regulieres, les Curés, Fabriques & Confréries, Abbayes, Prieurés, Chapitres, Evêchés, Maisons de charité & autres de cette espece, & les Communautés Laïques.

Ce Droit est dû pour les Heritages, Droits, Rentes

* NOTA. Cette Regie a cessé au premier Octobre 1726. & le Bail de Bourgeois a commencé par Arrest du 17 Septembre 1726, pour finir au premier Janvier 1727, qu'a commencé le Bail de Carlier, par Arrest du 20 Aoust 1726.

ou Redevances qu'ils ont acquis, qui leur ont été legués ou qu'ils possedent à quelque titre que ce puisse être, depuis le premier May 1708.

SÇAVOIR,

Pour les Articles qu'ils n'ont pas payé aux anciens Fermiers, ou pour lesquels ces Fermiers n'ont pas formé de demandes depuis ledit jour premier May 1708. jusqu'au premier Janvier 1721.

Et pour les Acquisitions faites depuis ledit jour, soit qu'il en ait été formé demande ou non.

Pour les Donnations & Echanges.

Pour les Rentes constituées par dons & legs.

Pour les Deniers donnés, soit pour remplacemnt de Dons & Legs, soit pour Fondation perpetuelle sans affectation de Fonds, suivant l'Arrest du 17 Decembre 1723. ou à la charge de les employer en Fonds de terres ou en Rentes.

Pour les Rentes constituées à leur profit, pour Droits d'Indemnités.

Pour les Droits d'Echange par eux acquis du Roy ou de particuliers, & donations entre vifs d'immeubles, avec réserve d'usufruit ou autrement, à compter de la datte des Contrats & Actes.

Pour les sommes & deniers qui seront payés pour le Remboursement des ameliorations, augmentations & autres dépenses faites sur des fonds de Terres, Droits, Rentes & Redevances alienés par Baux emphiteotiques, dans lesquels les Gens de Main-morte sont rentrés ou rentreront avant ou aprés l'expiration desdits Baux, conformément à la Declaration du 22 Fevrier 1724.

Declaration du 22 Fevrier 1724.

Ensemble pour les Fonds de Terres, Droits, Rentes,

& Redevances qu'ils ont alienés, dans lesquels ils sont rentrés en execution de la Declaration du 16 Juillet 1702.

Declaration du 16 Juillet 1702.

Et pour ceux qu'ils acquereront provenans des Remboursemens des Rentes constituées à leur profit à prix d'argent, des deniers de leurs épargnes, dont ils ont payé l'Amortissement, en execution de la Declaration du quatre Octobre 1704. attendu que pour le remplacement desdites Rentes, ils ne sont déchargés des Droits d'Amortissement, suivant ladite Declaration, que pour les Rentes de pareille nature qui seront constituées à leur profit, ce qui a été confirmé par Arrest du 18 Avril 1713.

Declaration du 4 Octobre 1704.

Arrest du 18 Avril 1713.

Comme aussi pour les Acquisitions qu'ils ont faites pour augmenter leur clôture.

Pour les Biens dépendans de leur clôture qu'ils en ont distraits ou distrairont, pour en retirer un revenu par des Baux à tems ou à vie, en l'état où ils étoient, ou sur lesquels ils feront faire de nouvelles constructions, à l'effet d'en retirer un revenu.

Et pour les constructions & nouveaux Bâtimens faits sur les anciens Fonds amortis, à proportion des augmentations de loyer & revenu qu'ils en retireront, conformément à l'Arrest du Conseil du premier Decembre 1719. rendu en interpretation de la Declaration du 16 Juillet 1702.

Arrest du premier Decembre 1719.
Declaration du 16 Juillet 1702.

EXCEPTION.

Le tout à l'exception,

Des Biens & Droits acquis, donnés ou legués aux Hôtels-Dieu, aux Hôpitaux où l'hospitalité est exercée actuellement pour la nourriture & subsistance des Pauvres, conformément aux précedens Edits & Declarations.

Declaration du 9 Mars 1700.
Edit du mois d'Octobre 1700.
Edit du mois d'Octobre 1708.

Des Fondations ou Legs, qui ont été ou seront faits, tant pour fournir le boüillon & autres necessités aux pauvres malades des Paroisses, que pour les Ecolles de Charité, conformément à l'Arrest du vingt-cinq Fevrier 1710.

Arrest du 25 Fevrier 1710.

Des Biens & Droits anciennement amortis donnés à Baux emphiteotiques, dans lesquels les Gens de Mainmorte rentreront sans bourse déliée avant ou depuis l'expiration desdits Baux, conformément à la Declaration du 22 Fevrier 1724.

Declaration du 22 Fevrier 1724.

De ceux alienés pour cause de subvention, dans lesquels ils rentreront en remboursant seulement le même prix de l'alienation, & en cas de plus grande somme, le droit sera dû pour ce qui excedera.

Ensemble des Acquisitions faites des Deniers provenans de rachats de Rentes foncieres ou constituées par Dons & Legs, dont les Droits d'Amortissement auront été payés, pourvû que les Droits desdites Acquisitions ne montent à plus grande somme que celles payées pour lesdites Rentes, & qu'ils ayent aussi observé les formalités prescrites par l'Arrest du 11 Juillet 1690. & en cas que les Droits montent à plus grandes sommes, ils seront payés pour l'excedent.

Arrest du 11 Juillet 1690.

Ces formalités consistent à déclarer par le Contrat d'Acquisition, les Débiteurs de la Rente, dont le Remboursement aura servi à payer le prix de l'Acquisition.

A rapporter les grosses des Actes de création ou de constitution desdites Rentes, portant faculté de les racheter, avec copie de la Quittance de remboursement qui en aura été faite.

Et à representer l'original de la Quittance des Droits d'Amortissemens qui auront été payés desdites Rentes dont

dont il doit être fourni un extrait collationné, faute de quoi les Droits doivent être payés sans avoir égard aux déclarations faites dans les Contrats.

Et aussi à l'exception des acquisitions faites pour les décorations des Villes qui ne produisent aucun revenu.

NOUVEL ACQUEST.

CE DROIT est dû par les Gens de Main-morte à raison de l'usufruit, & il se perçoit comme l'Amortissement, en execution des Edits & Declarations de 1700. 1708. & 1710.

La perception s'en fait de deux manieres, l'une regarde les Communautés Laïques, qui sont les Habitans des Villes & Bourgs, Villages & Hameaux, lesquels possedent en commun des Droits de Glandages, Pacages, & autres énoncez dans les Arrests des 23. Janvier 1691. & 15. Novembre 1720.

Arrests des 23. Janvier 1691. & 15. Novembre 1720.

L'autre, les Communautés regulieres & seculieres, les titulaires des Benefices & autres, pour les biens qu'ils possedent, dont ils n'ont pas payé l'Amortissement, ou pour ceux qui leur sont donnés en usufruit pour un temps.

A l'égard des Communautés laïques; l'imposition s'en fait annuellement sur tous les Habitans des Paroisses ayant Droit d'Usages, exempts ou non exempts, Nobles & Roturiers, privilegiez ou non privilegiez, par Messieurs les Intendans dans les Provinces & Generalités, & dans les pays d'Etats par les Deputés ordinaires desdits Etats, sur le pied du vingtiéme du revenu desdits Usages, ou suivant les Arrests particuliers rendus pour chaque Province ou Generalité, confor-

mément aux Articles IX. & XXI. de la Déclaration du 9. Mars 1700. & à l'Article 8. de l'Edit du mois de May 1708.

Quant aux Communautés ſeculieres, regulieres & autres.

Il faut obſerver, que lorſque le recouvrement des Droits d'Amortiſſement ſe faiſoit en differens temps, ſelon les beſoins de l'Etat, les Gens de Main-morte payoient le Droit de nouvel Acqueſt, à raiſon d'une année du revenu, pour vingt années, pour les joüiſſances paſſées, à compter du jour du titre de proprieté juſqu'au jour qu'ils en payoient l'Amortiſſement, parce que tant qu'une Communauté poſſede un bien ſans l'avoir amorti, elle en doit le Droit de nouvel Acqueſt, qui eſt une indemnité ou un interêt du Droit d'Amortiſſement non payé.

Ce Droit ne ſe paye plus aujourd'hui, parce que les Gens de Main-morte ſont obligés, ſuivant l'Article XIV. de l'Edit du mois de May 1708. de faire (dans l'an & jour de la datte de leurs Contrats d'acquiſitions ou autres Titres de proprieté) leurs déclarations, & d'en payer les Droits d'Amortiſſemens; en ſorte que le Droit de nouvel Acqueſt, (qui n'eſt que le vingtiéme du revenu d'une année (ſe reduit à peu de choſe, le Regiſſeur étant le maître de ſe faire payer à l'expiration de l'année du jour du Titre.

Le ſecond cas où les Communautés ſeculieres, regulieres, & autres joüiſſent des Biens à certains temps ſeulement ſans proprieté, ſe trouve peu, cependant les Commis doivent faire attention, que s'il ſe trouvoit, le droit ſeroit dû à proportion de la joüiſſance, une année, pour vingt années.

FRANC-FIEFS.

LE Droit de Franc-Fief est de même nature que celui d'Amortissement, imprescriptible, inalienable & appartenant au Roi seul, à cause de sa Couronne.

Les Roturiers sont regardés (pour la faculté de posseder des Fiefs) de la même maniere, que les Gens de Main-morte; ils en sont incapables, & ils ne peuvent les posseder que par la permission du Roi, pour quoi ils payent une année du revenu pour vingt années, ce qui est appellé Droit de Franc-Fief.

Le Recouvrement s'en faisoit aussi de temps à autre, suivant les Edits & Arrêts rapportés au Titre des Amortissemens.

L'on ne payoit que pour vingt années échuës, ou à proportion des joüissances, lorsque le recouvrement se faisoit; mais par Déclaration du 9. Mars 1700. il a été ordonné que le recouvrement qui avoit été fait en execution de l'Edit du mois d'Aoust 1692. pour vingt années, échuës depuis l'année 1672. seroit fait depuis le mois d'Aoust 1692. jusqu'au premier Janvier de ladite année 1700. pour joüir pour vingt années, à écheoir du jour de la proprieté, & par l'Edit du mois de May 1708. il a été ordonné que les possesseurs des Fiefs, depuis le premier Janvier 1700. seroient tenus de payer pour vingt années de joüissance dans l'an & jour de leur possession, quoique les vingt années de joüissance de leurs prédecesseurs ne fussent pas expirées, ce qui seroit continué à l'avenir à toute mutation: c'est en conformité de cet Edit, & d'un autre du mois de Septembre 1710. que la Regie se fait actuellement.

En l'année 1692. Fumée fut chargé de faire payer une année de revenu pour vingt années de joüissance depuis 1672. qui étoit la précedente recherche jusques en 1692.

Ceux qui avoient payé jusqu'en 1692. & qui possedoient encore en l'année 1700. ont payé à Chaplet pour vingt années par avance, à commencer depuis 1692. jusqu'en 1712. & les mêmes particuliers possedans encore aujourd'hui, ont dû payer à Sadet, dont le bail a commencé au premier May 1708. pour vingt années par avance, depuis 1712. jusqu'en 1732.

Voilà pour ceux, dont les Fiefs n'ont point changé de main depuis 1692.

Ceux où il y a eu des mutations avant 1692. Fumée leur a fait payer pour vingt années, qui ont commencé au jour de leur possession.

Exemple.

Un Roturier qui a acquis un Fief en 1680. a payé à Fumée pour vingt années, à compter depuis 1680. jusqu'en 1700. Chaplet Fermier a fait payer pour autres vingt années par avance, en 1700. jusqu'en 1720.

Et le Lievre, Sadet, le Normant, Lambert & Pillavoine Fermiers qui ont suivi, ont été en droit de se faire payer de même pour les mutations arrivées pendant leur joüissance; & les articles qui ne leur ont pas été payés, soit par continuation de joüissance au-delà de vingt années, ou par mutations dans le temps des joüissances desdits le Lievre, Sadet, le Normant, Lambert & Pillavoine, pour lesquelles ces Fermiers n'ont pas formé de demandes, doivent être payés aujourd'hui à la Regie de Basset, comme Droits negligés, conformément à l'Arrest du Conseil du 22. Aoust 1719. &c.

Comme ce Droit est une permission de posseder, il est personnel, & chaque nouveau Possesseur doit payer pour vingt années, quand le dernier Possesseur n'auroit joüi qu'une année. Arrest du Conseil du 22. Août 1719.

Il faut observer, que dans les recouvremens faits depuis 1692. soit à titre de Traité ou de Ferme, plusieurs Villes du Royaume se sont abonnées, & ont païé en corps pour les habitans qui possedoient des Fiefs, sur lesquels le Recouvrement n'a point été fait en détail; mais ces Abonnemens n'ont plus lieu aujourd'hui, & il a été même défendu aux Fermiers d'en faire, par Arrest du 4. Avril 1719. Arrest du 4. Avril 1719.

Regie & Perception des Droits d'Amortissemens & de Franc-Fiefs.

Pour exciter les Directeurs, Inspecteurs, Ambulans & les Receveurs particuliers, à travailler à la recherche & recouvrement des Droits d'Amortissemens & de Franc-Fiefs, avec plus d'exactitude & d'ordre qu'ils n'ont fait jusques à present; LA COMPAGNIE par sa Déliberation du 23. Fevrier 1724. approuvée par Monseigneur le Controlleur General, leur a accordé des remises.

Fonctions des Receveurs Particuliers.

Les Receveurs particuliers du Controlle des Actes & autres matieres réünies à la Regie, auront attention, lorsqu'il leur sera apporté des Actes à controller & insinuer, qui seront faits au profit des Gens de Main-morte & des Roturiers possedans Fiefs & autres Biens nobles, de tirer des Extraits de ces Actes, contenant la datte des-

dits Actes, les noms des Notaires & Greffiers qui les ont reçûs, les noms des Donateurs & Donataires, des Vendeurs, des Acquereurs, & autres Parties contractantes.

La nature des Biens donnés, vendus ou échangés ; si ce sont terres, maisons, heritages & rentes ; les rentes Seigneuriales & foncieres, dont lesdits Biens peuvent être chargés, & à qui elles sont dûës ; les sommes portées aux Contrats & autres Actes ; les noms des Villes & lieux où les Biens sont situés, leur qualité, s'ils sont nobles ou roturiers, de qui ils relevent, soit des Domaines qui sont en la main du Roy, des Appanagistes ou Engagistes, ou des Fiefs des Seigneurs particuliers, & ce à l'effet de pouvoir fixer les Droits qui seront dûs.

Ils feront fournir aux Gens de Main-morte & aux Roturiers possedans Fiefs, & autres Biens nobles dans l'étenduë de leur arrondissement.

SÇAVOIR.

A l'égard des Gens de Main-morte des déclarations exactes de tous les Biens Immeubles, Rentes, Redevances & Droits par eux acquis, & dont ils sont en possession à quelque titre que ce soit, leur nature & leur qualité de noble ou roturier, & la designation de la mouvance & censive, & encore des rentes foncieres ou constituées à leur profit, par dons & legs, remplacemens de dons & legs, ou pour Fondation perpetuelle.

Et à l'égard des Roturiers possedans Fiefs, des déclarations contenant le nom des Fiefs & autres Biens nobles qu'ils ont acquis, ou qu'ils possedent par succession ou autrement, le lieu où ils sont situés, leur consistance, le titre en vertu duquel ils en joüissent, le

prix qu'ils les ont acquis, & les Baux du revenu qu'ils en retirent, ſoit en argent ou en grains, le tout conformément aux Articles IV. & V. de la Declaration du neuf Mars 1700. & à l'Article V. de l'Edit du mois de May 1708.

Tous leſquels Extraits & Declarations, le Receveur particulier tranſcrira par ordre de numero, ſur un Regiſtre relié, qui lui ſera remis par l'Ambulant, cotté & paraphé par le Directeur de la Province, lequel Regiſtre ſera appellé (*Regiſtre de Matiere.*)

Il tiendra un autre Regiſtre en la même forme, qui ſera timbré (*Sommier*) ſur lequel il tranſcrira par ordre de datte & numero, & à mi-marge, tout au long, les Amortiſſemens d'un côté dudit Regiſtre, & les Franc-Fiefs de l'autre, les Extraits des Contraintes des articles reſtans à recouvrer de la Regie de Charles Cordier, enſemble ceux des Contraintes qui ſont décernées par la Regie courante, pour les Articles de nouvelles decouvertes qui lui ſeront remis par l'Ambulant, & fera à la marge de chacun deſdits Articles, une notte des pourſuites & diligences qui ſeront faites des raiſons & moyens des Redevables, qui prétendront n'être pas ſujets aux Droits, & de la datte des payemens qui ſeront portés ſur le Regiſtre de Recette actuelle.

Deſquels Etats de reſte, Contraintes, Regiſtres & autres pieces, les Receveurs particuliers donneront des reconnoiſſances aux Ambulans, & leur ſoumiſſion de les remettre, enfin de commiſſion à leur ſucceſſeurs, & enfin de Regie aux Regiſſeurs ou Fermiers qui ſuccederont, leſquelles reconnoiſſances ſeront remiſes aux Directeurs par les Ambulans, dont les Directeurs leur donneront décharge par inventaire.

Les Contraintes seront signifiées aux Redevables y dénommés, dans la huitaine qu'elles auront été remises aux Receveurs particuliers, avec commandement de payer entre leurs mains dans un mois, la somme y contenuë; & faute par les Redevables de payer ou de se pourvoir dans le mois, les Receveurs particuliers feront saisir leurs revenus, entre les mains de leurs Fermiers ou Débiteurs, avec assignation devant Messieurs les Intendans ou leurs Subdelegués, pour voir ordonner la délivrance des deniers saisis, & feront ensuite dénoncer ces saisies aux Redevables, avec pareille assignation pour en consentir la délivrance.

Ils enverront aux Directeurs les assignations qui seront données devant Messieurs les Intendans, pour qu'ils en poursuivent le Jugement; & celles qui seront données devant les Subdelegués, ils les enverront aux Receveurs particuliers de la residence des Subdelegués, pour les suivre & obtenir des Jugemens; à l'effet de quoi les Directeurs autoriseront lesdits Receveurs particuliers par un ordre, sans néanmoins que lesdits Receveurs particuliers puissent prétendre aucune remise pour la suite desdites Assignations.

Les Receveurs particuliers feront seuls la Recette des Droits d'Amortissemens & Franc-Fiefs, des articles des Biens situés dans l'étenduë de l'arrondissement de leur Bureau, & tiendront un Registre de Recette qui sera cotté & paraphé par le Directeur, sur lequel ils enregistreront jour par jour, de suite, sans aucun blanc, & par ordre de numero, toutes les sommes qui leur seront payées, & feront mention de la Contrainte & de l'Article pour lequel ils recevront les Droits, sans qu'ils puissent prétendre pour ladite Recette, d'autre remise que

que celle portée par la Déliberation de la Compagnie du 23. Fevrier 1724. ni le remboursement d'aucuns frais generalement quelconques, de quelque nature qu'ils puissent être, même des frais des premieres significations, lesquels frais seront à leur charge & à celle des Inspecteurs & Ambulans, proportionnément à la remise qui leur est accordée par ladite Déliberation, attendu que le Controlle en sera *gratis*, & qu'ils seront indemnisés suffisamment de ce qu'ils donneront aux Huissiers, pour lesdites significations par leur remise.

A l'égard des autres frais de Poursuites, ils doivent être payés par les Redevables, suivant la Taxe qui en sera faite, & les Receveurs particuliers n'en doivent point recevoir qu'ils ne soient taxés, à peine de concussion.

Ils rendront compte aux Controlleurs Ambulans à la fin de chaque quartier, par dépoüillement des articles dudit Registre de Recette, dont ils fourniront l'extrait certifié aux Ambulans, qui leur passeront en dépense leurs remises; & seront lesdits Comptes & Extraits de Registres, remis aux Directeurs par les Ambulans au retour de leurs tournées, comme Pieces justificatives des Comptes qu'ils rendront.

Ne pourront les Receveurs particuliers, ainsi que les Inspecteurs & Ambulans, faire aucune liquidation des Droits d'Amortissemens & de Franc-Fiefs, laquelle liquidation est reservée aux Directeurs seuls.

Fonctions des Ambulans.

LES Controlleurs-Ambulans lors de leurs Tournées, se feront representer dans les Greffes des Jurisdictions

ordinaires, même dans ceux des Parlemens & autres Cours, les Registres & Minutes; se feront fournir par les Greffiers des Extraits des Adjudications, Acquisitions, Retraits, & autres Actes qui peuvent donner la connoissance des Roturiers possedans Fiefs, & des Biens qui leur seront adjugés, vendus & échangés, ainsi qu'aux Gens de Main-morte; ausquels Greffiers ils payeront six sols pour chaque Extrait, conformément à l'Article XXVI. de l'Edit du mois de May 1708. sauf à eux à s'en faire rembourser par les Redevables, conformément à l'Arrest du 6. Octobre 1722. sans qu'ils puissent repeter contre la Compagnie, la dépense des Articles qui n'auroient produit aucuns Droits.

Arrest du 6. Octobre 1722.

Ils se feront representer par les Greffiers des Chambres des Comptes, Tresoriers de France, Bureaux des Finances, & par ceux des Seigneurs Haut-Justiciers, les aveus & dénombremens rendus, dont ils prendront des Extraits, contenant les noms & la qualité des personnes qui les ont presentés, la qualité, situation & mouvance des Fiefs & arriere-Fiefs, les noms & qualités des personnes qui les possedent; le tout soit que les personnes possedans Fiefs, demeurent dans leurs Generalités ou dans d'autres, & de même pour la situation des Fiefs & arriere-Fiefs.

Ils transcriront les Extraits sur leur Registre Journal de travail, dans la même forme qu'il est marqué à l'Article des Receveurs particuliers; ils feront la même chose des Extraits & Declarations portées sur les Registres de ces Receveurs, ausquels ils en donneront leurs reconnoissances sur leur Registre, & feront passer ces Extraits & Declarations au Directeur, par la copie du Journal de travail, par matieres distinctes & sépa-

rées, qu'ils doivent lui remettre à la fin de chaque quartier.

Ils feront compter les Receveurs particuliers de leur Recette, dans la même forme que pour les autres Droits de la Regie, en observant neanmoins que les Comptereaux contiendront la Recette en détail par ordre de contraintes & d'articles, suivant le modele ci-joint.

Ils passeront à ces Receveurs la remise qui leur est accordée par la Déliberation de la Compagnie du 23. Fevrier 1724. sur la Recette effective qu'ils auront faite des Droits, sans aucune déduction des frais, ni d'autres poursuites qui pourroient tomber en non-valeur, pour ce qui les concerne seulement, pour les raisons expliquées à l'article des Fonctions desdits Receveurs; mais il leur sera cependant tenu compte par lesdits Ambulans de la portion desdits frais, dont ils sont tenus eux-mêmes & les Directeurs, à cause de la remise qui leur est accordée par ladite Déliberation.

Dans le Compte que les Ambulans rendront de chaque quartier au Directeur, ils retiendront pareillement la remise qui leur est accordée par la Déliberation du 23. Fevrier 1724. sur la Recette effective, dont il leur aura été compté par les Receveurs particuliers, & encore la portion des frais, dont le Directeur & l'Inspecteur peuvent être tenus à cause de leur remise, & que l'Ambulant justifiera avoir passée dans les Comptes des Receveurs particuliers.

Fonctions des Inspecteurs.

LA principale Fonction des Inspecteurs, est de veri-

fier les Regiſtres tenus par les Receveurs particuliers, les Comptes arrêtés par chacun quartier, par le Controlleur-Ambulant, de faire d'exactes recherches chez les Notaires, Greffiers, & autres Officiers de l'arrondiſſement des Bureaux, d'avoir attention ſi les Ambulans ont pris une copie du Regiſtre tenu par les Receveurs particuliers, pour les Biens ſujets aux Droits, s'ils en ont donné reconnoiſſance, ſi par le dépoüillement des Regiſtres, ils n'ont pas obmis quelques articles, & de même s'ils ont pris l'état des Déclarations reçûës pour les Biens nobles poſſedés par les Roturiers, conformément à l'Arreſt du 22. Novembre 1712.

Arreſt du 22. Novembre.

Ils doivent auſſi verifier les Liaſſes & Regiſtres des Greffiers, Minutes & Repertoires des Notaires, pour connoître ſi les Controlleurs-Ambulans & les Receveurs particuliers, n'ont point obmis d'extraire des Actes qu'ils auront controllés & inſinués, les articles contenant des Acquiſitions ou mutations de Fiefs, Legs & Fondations, en faveur de Gens de Main-morte; & pour faciliter cette verification, ils prendront préalablement un Extrait des articles que le Receveur particulier aura porté ſur ſon Sommier ou Regiſtre de matiere, & en feront la conference avec les Minutes des Actes, afin de rendre les articles certains.

Ils feront mention ſur leur Regiſtre Journal de travail, de leurs obſervations ſur celui des Receveurs particuliers & des Ambulans, des articles qu'ils trouveront obmis ou négligés; & de même des Procès-verbaux qu'ils feront, duquel ils fourniront tous les mois copie au Directeur.

Il ſera paſſé par le Directeur aux Inſpecteurs, la remiſe qui leur eſt accordée par la Déliberation de la Com-

pagnie du 23. Fevrier 1724. dans les cas y énoncés.

Fonctions des Directeurs.

LES DIRECTEURS chargés des Droits d'Amortissemens & Franc-Fiefs, conjointement ou ſeparément des autres matieres de la Regie, porteront ſur un Regiſtre tous les Articles de matieres, concernant leſdits Droits qui leur ſeront parvenus par la copie des Journaux de travail, que les Inſpecteurs doivent leûr remettre tous les mois & les Ambulans tous les trois mois, ſur leſquels les Directeurs dreſſeront des états particuliers d'Amortiſſemens & de Franc-Fiefs, par chacun Département de leur Province ou Generalité dans le même ordre des contraintes qui leur auront été envoyées précedemment, ſur leſquels Etats la Compagnie fera expedier des Contraintes en forme.

Les Contraintes ſeront adreſſées au Directeur, qui en enverra ſa reconnoiſſance à la Compagnie, & fera remettre à chacun des Receveurs particuliers par les Ambulans & les Inſpecteurs, des Extraits deſdites Contraintes, contenant les Articles qui concerneront les arrondiſſemens de leurs Bureaux, à l'effet d'en pourſuivre le Recoûvrement.

Les Directeurs feront ſeuls la liquidation des Droits, ſur la repreſentation des Contrats d'acquiſition, Baux à Ferme quand le cas y écheoit & autres Titres, dont ils ſe feront fournir par les redevables des Copies certifiées veritables & qu'ils certifieront auſſi être conformes aux originaux, ſoit que la liquidation ſoit faite à l'amiable, avec les redevables, ou qu'elle le ſoit par Ordonnance de Meſſieurs les Intendans.

Ils se conformeront dans leurs réponses aux Edits, Déclarations & Arrests joints à la presente Instruction, & en cas de difficulté, ils auront recours à la Compagnie pour avoir son avis, avant de fournir de réponse.

Ils ne pourront se faire rembourser d'aucuns frais par les redevables, que suivant la taxe qui en sera faite par Messieurs les Intendans ou leurs Subdelegués, & sur le pied porté par l'Arrest du 12. Mars 1709. lesquels frais ils ne pourront en aucun cas repeter sur la Regie.

Arrest du 12. Mars 1709.

Lorsqu'il se trouvera des saisies sur les redevables, à le Requeste de leurs créanciers, entre les mains de leurs Fermiers ou debiteurs, anterieures à celle de la Regie, ils auront attention que la préference appartient à la Regie, ainsi qu'il est porté par Arrest du 14. Aoust 1714. sans qu'il soit besoin de la faire ordonner.

Arrest du 14. Aoust 1714.

Les Directeurs pourront recevoir des redevables le montant des Droits, dont ils feront la liquidation, en donnant par eux une rescription sur l'Ambulant du Département, dans l'étenduë duquel les Biens sujets aux Droits, seront situées, dans laquelle rescription il sera énoncé que la valeur en a été fournie des deniers du redevable, sans que les Directeurs puissent recevoir autrement.

Cette rescription pour valeur de Droits sera remise au Receveur particulier par le redevable, au profit duquel il expediera sa Quittance & se chargera sur son Registre de recette du Droit payé, & expliquera la cause du payement en la même forme que ses autres recettes; il donnera ensuite cette rescription en payement à l'Ambulant, qui la prendra pour comptant, & le Directeur sera tenu de la prendre de même de l'Ambulant.

Les Directeurs avertiront les redevables dans leurs

rescriptions, de les convertir en Quittance des Receveurs particuliers dans le mois du jour de leurs dattes, & donneront avis ausdits Receveurs des articles qu'ils recevront, afin qu'ils ne fassent pas de poursuites mal-à-propos qui seroient à leurs charges,

Pour éviter une correspondance ordinaire qui seroit trop étenduë, & coûteroit beaucoup à la Regie, les Directeurs ne pourront donner aucuns ordres, ni faire passer ceux de la Compagnie, concernant lesdits Droits aux Receveurs particuliers, que par le ministere des Inspecteurs ou Ambulans lorsqu'ils feront leurs tournées, si ce n'est lorsqu'ils auront besoin de quelques éclaircissemens provisoirs, auquel cas ils pourront écrire par la poste.

Les Directeurs enverront à la Compagnie tous les trois mois, un Etat general détaillé par Articles, & par ordre de contraintes, certifié d'eux veritable, de la recette qui aura été faite dans tout leur Département, dans lequel ils comprendront les payemens qu'ils auront faits à compte sur ladite recette, la remise qui en sera dûë, tant à eux, qu'aux Receveurs particuliers & Ambulans, & les ports de lettres & paquets des Receveurs particuliers pour ces Droits seulement.

Sur ces Etats generaux de recette, il sera expedié des Quittances finales visées par la Compagnie, au nom des redevables, qui seront envoyées aux Directeurs, lesquels en enverront leurs reconnoissances au pied d'un Inventaire détaillé article par article au Sr

pour lui servir de décharge envers la Compagnie, à laquelle ils en donneront en même temps avis.

Les Directeurs feront remettre ces Quittances fina-

les aux Receveurs particuliers par les Inſpecteurs ou par les Ambulans, afin qu'ils puiſſent les remettre aux redevables, & en retirer leurs Recepiſſés, avec la reconnoiſſance des redevables, de la remiſe qui leur aura été faite de leurs Quittances.

Ils tiendront la main à ce que les Buraliſtes, Inſpecteurs & Ambulans, executent les ordres ci-deſſus, & retireront leurs ſoumiſſions de s'y conformer chacun en ce qui les concerne.

Il ſera paſſé aux Directeurs ſur la recette effective qui ſera faite des Droits, la remiſe portée par la Deliberation de la Compagnie, du 23. Fevrier 1724. dans les cas y exprimés, au moyen de quoi ils ſupporteront en leur nom, & à proportion de leur remiſe, les frais qui pourront tomber en non-valeur, & n'en porteront aucuns à la Compagnie de quelque ſorte qu'ils puiſſent être.

TABLE CHRONOLOGIQUE

DES REGLEMENS CONTENUS AU Recüeil des Amortissemens, Franc-Fiefs nouveaux Acquêts & Usages.

TOME PREMIER.

De l'An 1275.

Rdonnance, C'est la premiere qui ait mis en Regle les Amortissemens, en taxant les Eglises & les non-Nobles à une certaine Finance pour leurs Acquisitions, page 1

PHILIPP. III. 1275.

De l'An 1277.

Ordonnance, Qui limitant le pouvoir des Evêques au sujet des Amortissemens, permet à ceux, qui sont Pairs, d'amortir seulement leurs arriere-Fiefs, & défend aux autres de faire aucun Amortissement, 5

PHILIPP. IV. 1277.

De l'An 1277.

Ordonnance touchant les Amortissemens, en consequence & conformément à celle de Philippe III. *dit* le Hardy, 5

Du 15. *Aoust* 1303.

Lettres Patentes, Adressées à l'Evêque d'Amiens, pour la levée d'une Décime dans son Diocése, à l'effet de subvenir aux Dépenses de la Guerre de Flandre ; au moyen de laquelle Décime, les Ecclesiastiques, tant Reguliers que Seculiers sont déchargés du Droit d'Amortissement de toutes les Acquisitions par eux faites au profit de leurs Eglises, dans les Fiefs, arriere-Fiefs, Censives & Alleux du Domaine. Ces mêmes Lettres enjoignent aux Baillifs, & autres Officiers de Justice, de contraindre les Ecclesiastiques à la premiere requisition de l'Evêque, au cas qu'il y en ait quelqu'un qui refuse de la payer de bon grê, 9

Du mois de Mars 1320.

PHILIPP. V.

Ordonnance, sur la maniere de percevoir les Droits d'Amortissemens, de Nouveaux Acquêts, & de Franc-Fiefs, 11

Du 6. *May* 1320.

Mandement de Philippe V. au Sénéchal de Beaucaire, de faire une Recherche exacte de toutes les Eglises qui ont fait des Acquisitions dans les Fiefs, arriere-Fiefs Laïcs, & dans les Alleux & Censives situés dans l'étenduë de la Sénéchaussée ; & aussi des personnes non-nobles, qui ont fait des Acquisitions dans les Fiefs nobles aussi de sa Senéchaussée, sans sa permission, ni celle de ses Prédecesseurs, & de les saisir toutes, & d'en percevoir tous les fruits jusqu'à ce qu'ils en ayent payé le Droit de Franc-Fief, ou qu'ils lui ayent fait apparoir, qu'ils ont obtenu du Roy, ou de ses Prédecesseurs, le Droit de les acquerir, avec injonction de faire le Rapport du tout à la Chambre des Comptes de Paris, 16

Du 7. *Janvier* 1324.

CHARL. IV.

Ordonnance touchant les Amortissemens, les Franc Fiefs & les nouveaux Acquets, &c. 17

Du 7. *Janvier* 1325.

Ordonnance en interpretation de celle de 1324. ci-dessus, con-

cernant les Amortissemens, Franc-Fiefs & nouveaux Acquêts, pour les Acquisitions faites par des Eglises & des Personnes Ecclesiastiques, ou par des Roturiers dans les Senéchaussées de Perigord & de Saintes, 19 — CHARL. IV. 1326.

Du 18. Juillet 1326.

Ordonnance, touchant les Amortissemens & les Fanc-Fiefs, 20

Du 29. Octobre 1344.

Ordonnance portant défenses de prendre finance des Dons & Legs, faits à Gens d'Eglise de vingt sols de rente & au-dessous, 22 — PHILIPP. VI.

Du 9. Aoust 1371.

Ordonnance qui declare que les Bourgeois de Paris peuvent tenir franchement Fiefs & arriere-Fiefs, & joüir du fait de Noblesse, ainsi qu'il s'est pratiqué de temps immemorial, 23 — CHARL. V.

Du mois d'Aoust 1490.

Lettres Patentes portant confirmation de la décharge des Droits de Franc-Fiefs, nouveaux Acquêts, & de nouvel Avenement, accordée par le Roy Loüis XI. par ses Lettres des mois de Novembre 1465. & Juillet 1466. en faveur des Ducs de Bourbon, dans le Bourbonnois, l'Auvergne, & autres Païs, 25 — CHARL. VIII.

Du 6. Septembre 1520.

Lettres Patentes, Portant Commission au Bailli de Chartres, de faire donner par les Gens d'Eglise & de Main-morte, declaration de leurs biens; & sur leurs refus, les faire saisir & mettre ès mains du Roy, 32 — FRANÇ. I.

Du 15. Octobre 1520.

Lettres Patentes, Portant Commission pour la Levée des Droits d'Amortissemens, 38

Du 16. Avril 1521.

Lettres Patentes d'Amortissement, accordées par les Commissaires à la Confrairie des Orfevres de Paris, 44

FRANÇ. I. 1522.

Du mois de Mars 1522.

Lettres Patentes, Portant Amortissement general, octroyé au Diocese de Paris, 47

Du 7. Janvier 1547.

HENRY II.

Lettres Patentes, pour faire fournir par les Gens d'Eglise, Communautés, Main-morte & Roturiers, les Declarations de leurs biens, pour le payement des Droits d'Amortissemens & Franc-Fiefs, 54

Du 8. Mars 1547.

Lettres Patentes portant Amortissement general octroyé au Clergé de France, 57

Du 2. Septembre 1547.

Lettres Patentes, pour faire donner par les Gens de Mainmorte & les Roturiers, des declarations de leurs nouveaux Acquêts & Franc-Fiefs, 59

Du 2. May 1548.

Lettres Patentes, sur le fait des Franc-Fiefs & nouveaux Acquêts, pour proceder à la verification de l'Amortissement general octroyé au Clergé de France, 62

Du 19. May 1549.

Lettres Patentes, concernant les declarations qui doivent être fournies pour les droits de Franc-Fiefs & nouveaux Acquêts, par les Gens d'Eglise, Communautés, de Main morte, & les Roturiers. 63

Du mois de May 1551.

Lettres Patentes, portant Amortissement general en faveur du Diocese de Sens, 66

Du 2. Septembre 1551.

Ordonnance, qui enjoint aux Gens de Main-morte & Roturiers, de faire declaration des Franc-Fiefs & nouveaux Acquêts, sur peine de confiscation des biens recelés & non declarés, 76

Du 5. Septembre. 1571.

Lettres Patentes, portant injonction aux Gens d'Eglise & de Main-morte, & aux Roturiers & non-Nobles de donner leurs declarations & representer leurs Lettres d'Amortissement & Permission obtenuës, à l'effet de payer les Droits de Franc-Fiefs & nouveaux Acquêts. 79

CHARL. IX. 1571.

Du 5. Septembre 1571.

Lettres Patentes. Pour faire proceder à la Taxe & Liquidation de la Finance dûë au Roy, à cause des Droits de Franc-Fiefs & nouveaux Acquêts, 82

Du 30. Octobre 1571.

Declaration, qui excepte les Beneficiers du Clergé payans Decimes, du payement des Droits de Franc-Fiefs & nouveaux Acquêts, & d'envoyer aucunes declarations de leurs biens pour ce sujet, 87

Du premier Avril 1572.

Ordonnance des Commissaires Députés pour les Franc-Fiefs & nouveaux Acquêts des ressorts des Parlemens de Paris, Roüen, & Dijon, portant que ceux du Clergé payans Decimes, ne seront point tenus de donner la declaration des biens pour lesquels ils payent Decimes, 89

Du mois de Mars 1575.

Edit du Roy, qui confirme les Exemptions & Privileges accordés aux Ecclesiastiques pour le regard des Franc-Fiefs, nouveaux Acquêts & Amortissemens, & les décharge de fournir aveus, dénombremens & declarations, & de payer aucuns Droits pour raison de ce, dont Sa Majesté leur fait remise à quelque somme qu'ils puissent monter ; avec défenses de les poursuivre, & main-levée des saisies, 91

HENRY III.

Du premier Aoust 1575.

Lettres Patentes, portant évocation au Conseil Privé des Procès mûs & à mouvoir contre les Ecclesiastiques pardevant les Commissaires députés en la Chambre de la Reine, établie au Palais pour Droits de Reliefs, Rachats, Franc-Fiefs, nouveaux

HENRY III. 1577.

Acquêts & autres Droits ; & en consequence de ce, surseance à l'execution de tous Jugemens rendus contre eux pour raison desdits Droits, avec main-levée des saisies, 95

Du 25. Aoust 1577.

Lettres Patentes, portant défenses de faire aucunes saisies sur ceux du Clergé payans Decimes, pour raison des Droits de Franc-Fiefs ; avec évocation au Conseil de toutes les Instances nées & à naître, & main-levée desdites saisies, 97

Du 9. Decembre 1606.

HENRY IV.

Lettres Patentes, qui confirment le Clergé dans les Exemptions & Privileges dont il joüit, & le décharge de donner par declaration, aveu & dénombrement les terres, domaines, possessions & rentes qu'il possede, 100

Du 2. Avril 1609.

Lettres Patentes, qui nomment des Commissaires pour proceder à la liquidation des Droits de Franc-Fiefs & nouveaux Acquêts, dûs à sadite Majesté dans le ressort de la Cour de Parlement de Paris, depuis le Regne du Roy Charles IX. 103

Du 11. Juillet 1609.

Ordonnance, portant que les Gens de Main-morte (le Clergé payant Decimes excepté) & les Roturiers & non-Nobles, possedans Fiefs, donneront des declarations dans quinzaine & rapporteront les Baux de leurs biens, 108

Du 18. Juin 1610.

LOUIS XIII. *surnommé* le Juste

Lettres Patentes, portant pouvoir aux Commissaires pour la recherche des Droits de Franc-Fiefs & nouveaux Acquêts dans le Ressort du Parlement de Paris, de taxer & arrêter des Rolles pour le Recouvrement de ces Droits, 109

Du 2 Juillet 1610.

Ordonnance des Commissaires, en execution des Lettres Patentes du 18. Juin 1610. pour la levée au Sol la livre de la Taille, du Droit de nouvel Acquêt dû par les Communautés, qui doit être payé par les Exempts ou non-Exempts, Privilegiés ou non-Privilegiés, 111

Du 29 Juillet 16 0.

Arrest du Conseil, rendu sur les Plaintes & Remontrances des Villes, Communautés, & des Particuliers poss. dans Fiefs, portant surseance pour le payement de ces Droits dans le Ressort du Parlement de Paris, ordonne que les Rolles seront rapportés pour être verifiés, 113

Du 22. Octobre 1613.

Lettres Patentes, qui nomment des Commissaires pour la liquidation des Droits de Franc-Fiefs & nouveaux Acquêts dans le Ressort du Parlement de Paris; ordonnent que la Levée desdits Droits, sursise par Arrest du 29. Juillet 1610. sera continuée sur le pied d'une année de revenu des biens & Droits; & que les redevables rapporteront dans quinzaine la declaration de leurs biens, 119

Du 9. Novembre 1613.

Ordonnance de la Chambre des Droits de Franc-Fiefs & nouveaux Acquêts, qui ordonne que conformément aux Lettres Patentes du 22. Octobre 1613. les Redevables des Droits, qui n'ont point fourni leur declaration au vrai des Biens Nobles qu'ils possedent, seront tenus de les fournir dans huitaine au Sieur Vazet commis par Sa Majesté pour faire la Recherche desdits Droits, au lieu & place de Robert Renoüard, 122

Du 15. Janvier 1614.

Ordonnance d'Enregistrement des Lettres Patentes du 18. Juin 1610. pour la Levée des Droits de Franc Fiefs & nouveaux Acquêts dans le Ressort du Parlement de Paris, 123

Du 21. Juillet 1618.

Arrest du Conseil pour l'Université de Paris, sur l'exemption des Droits des Franc-Fiefs & nouveaux Acquêts, 125

Du premier Octobre 1622.

Ordonnance de la Chambre des Droits de Franc Fiefs & nouveaux Acquêts, portant qu'il sera procedé au recouvrement desdits Droits, tant par saisie & établissement de Commissaires sur

Louis XIII. 1623.

les biens qui y sont sujets, dont les Proprietaires n'ont point encore fourni declaration, ni de la valeur du revenu d'iceux, que par les Contraintes accoutumées, 126

Du 17. Aoust 1623.

Arrest du Conseil, portant décharge de la Recherche des Droits de Franc Fiefs & nouveaux Acquêts, & de donner aveu, declaration & dénombrement en faveur des Beneficiers, Maladreries, Hôpitaux, Lieux pitoyables & Communautés Ecclesiastiques, 127

Du 30 Mars 1633.

Arrest du Conseil Privé portant décharge aux Ecclesiastiques de la Recherche des Franc Fiefs & nouveaux Acquets, ensemble de fournir aveus & dénombremens, & de rendre foi & hommage des Fiefs qu'ils tiennent à cause de leurs Benefices mouvans de Sa Majesté, 129

Du 20. Juillet 1633.

Traité en forme de Bail, fait par le Roy, à Maître Charles Froger, pour le recouvrement des Droits de Franc-Fiefs & nouveaux Acquêts dûs à Sa Majesté, depuis le vingt-uniéme Fevrier mil six cens neuf, jusques au dernier Decembre mil six cens trente-trois, 131

Du 17. Septembre 1633.

Arrest du Conseil, qui maintient Froger dans l'execution du Traité du 20. Juillet précedent, en payant par lui cent mille livres d'augmentation, 134

Du 3. Decembre 1633.

Arrest du Conseil, qui maintient & confirme Froger dans l'execution des Traités faits avec lui, 136

Du 13. Aoust 1633.

Lettres Patentes, d'Etablissement de la Chambre, pour la Recherche des Droits de Franc Fiefs & nouveaux Acquêts dûs au Roy dans le Ressort du Parlement de Paris, depuis le mois de Fevrier mil six cens neuf, jusques au dernier Decembre mil six cens trente-trois, 138

Du

Du 9. May 1634.

Reglement de Messieurs les Commissaires nommés pour les Franc-Fiefs & nouveaux Acquêts, rendu en la Chambre du Tresor à Paris, le 9. May 1634. 142

Du 18. May 1634.

Remontrance extraite des Registres de la Commission des Franc-Fiefs & nouveaux Acquêts, 153

Du 8. Juin 1634.

Reglemens sur le Jugement de la taxe des Communautés & Gens de Main-morte, dont mention est faite par la Remontrance ci-dessus transcrite, 158

Du 20. Juillet 1634.

Arrest de la Chambre des Comptes de Paris, qui fait défenses à toutes personnes Ecclesiastiques, Religieux, & autres Gens de Main morte, de posseder à l'avenir aucunes Maisons ou Heritages immeubles, qu'en vertu des Lettres Patentes du Roy dûëment verifiees en ladite Chambre; ordonne que tous Heritages acquis depuis quarante ans, par don, aumônes ou achapts par lesdits Gens de Main-main-morte, possedés sans Lettres verifiées, seront saisis & mis en la main de Sa Majesté, pour être regis (après l'an de la saisie passé) par les Receveurs du Domaine, si dans ledit temps ils ne mettent hors de leurs mains lesdits Heritages saisis, ou ne feront apparoir desdites Lettres dûëment verifiées, 160

Du 4. Aoust 1634.

Arrest du Conseil Privé, partant Renvoi devant les Commissaires des Franc-Fiefs & nouveaux Acquêts, de la Requeste du Clergé, afin de décharge; & cependant par forme de provision, fait main levée des saisies faites sur le revenu des Hôpitaux, Hotels Dieu, Maladeries, Aumôneries, & autres lieux pieux de France, 165

Du 14. Decembre 1634.

Arrest du Conseil, par lequel les Ecclesiastiques & Beneficiers

Louis XIII. 1635.

du Royaume, ensemble les Administrateurs des Maladeries, Hôpitaux, Hôtels Dieu, & autres lieux pitoyables, sont déchargés des Droits de Franc-Fiefs & nouveaux Acquêts, 167

Du 2. Mars 1635.

Arrest du Conseil, qui décharge les Hôpitaux, Hôtels Dieu, Maladeries, Aumôneries, Fabriques, & autres lieux pitoyables, de donner declaration des biens par eux possedés, pour raison des Droits de Franc Fief & de nouvel Acquêt; leur fait main-levée des saisies faites; ordonne la restitution de ce qui a été payé, 169

Du premier Septembre 1635.

Arrest du Conseil, par lequel les Ecclesiastiques & Beneficiers du Royaume, sont déchargés des Droits de Franc-Fiefs & nouveaux Acquêts, pour les Benefices payans & non payans décimes, & pour tous les domaines & heritages appartenans à l'Eglise: Ensemble les Fabriques, Hôpitaux, Prétemonies, Monasteres, Maladeries, Chapelles, Obits, & autres Fondations, 171

Du 9. Fevrier 1636.

Arrest du Conseil, par lequel Sa Majesté a declaré les Ecclésiastiques & Beneficiers de son Royaume, exempts du Droit de Franc-Fiefs & nouveaux Acquets, pour raison des Benefices payans & non payans décimes, même les Fabriques, Hôpitaux, Prétemonies, Monasteres, Maladeries, Chapelles, Obits & Fondations pies, & autres; avec main levee des saisies faites pour le sujet desdits Franc Fiefs & nouveaux Acquêts, 173

Du 8. Mars 1636.

Arrest de la Chambre des Franc-Fiefs, qui condamne au payement du Droit de Franc-Fief, pour les Fiefs & Terres hommagées, dans la Coutume du Perche, 175

Du 19. Avril 1639.

Declaration du Roy, pour la Recherche, Taxe & Liquidation des Droits d'Amortissemens dûs à Sa Majesté par les Gens de Main-morte du Royaume, depuis l'année 1520. pour ceux payans décimes, & indéfiniment pour tous les autres non payans décimes, 176

Du 30. May 1639.

Ordonnance, qui fixe les Droits d'Enregistrement des declarations, 187

Du 18. Juillet 1639.

Ordonnance, qui permet de saisir le tiers des biens des Gens de Main-morte, faute de donner des declarations, *ibid.*

Du 29. Aoust 1639.

Reglement fait par la Chambre des Amortissemens, pour les Procedures à tenir en icelles, 189

Du 5. Septembre 1639.

Ordonnance, qui permet au Procureur du Roy en la Chambre des Amortissemens, d'informer des défectuosités & fraudes qui se commettent dans les declarations des biens sujets aux Droits d'Amortissemens, 190

Du 26. Septembre 1639.

Reglement, qui sera gardé & observé par les Commissaires Subdelegués par la Chambre, pour les Droits d'Amortissemens, 191

Du 29. Septembre 1639.

Ordonnance, portant que les declarations des biens des Gens de Main-morte, jusques à la valeur de cent livres de revenu, seront reçûës par un Huissier, à la distance de quatre lieuës de la demeure des Subdelegués, 194

Du 3. Octobre 1639.

Ordonnance concernant la forme des declarations des Gens de Main-morte, 195

Du 24. Octobre 1639.

Ordonnance, portant que les Collecteurs, Greffiers, Notaires, Fermiers, & Locataires communiqueront les Rolles des Tailles, Baux à loyer, Papiers, & autres actes, des biens appartenans aux Gens de Main-morte, 198

LOUIS XIII. 1639.

Du 24. Octobre 1639.

Ordonnance, portant que les Gens de Main-morte seront tenus de justifier qu'ils payent décimes, sinon reputés n'en pas payer, & comme tels poursuivis au payement des Droits d'Amortissement, 199

Du 24. Octobre 1639.

Ordonnance, que les Gouverneurs, Administrateurs, Marguilliers, Recteurs & autres, seront tenus de fournir des declarations des biens appartenans aux Communautés, sinon qu'ils seront contraints de payer en leurs noms, une année du revenu desdits biens, 201

Du 21. Novembre 1639.

Ordonnance, que les petites Rentes Foncieres qui n'excedent pas vingt sols, ne seront pas taxées. Regle les declarations des Gens de Main-morte non payans décimes, & les frais des Procedures, 203

Du 28. Novembre 1639.

Ordonnance contre les Gouverneurs, Administrateurs, Marguilliers, Maires, Echevins & autres, faute d'avoir donné declaration, 204

Du 19. Janvier 1640.

Ordonnance pour le payement par provision de la moitié des Taxes, 206

Du 26. Janvier 1640.

Ordonnance, que les Redevables seront tenus de fournir leurs declarations dans trois jours du commandement qui leur sera fait, 207

Du 30. Janvier 1640.

Ordonnance, portant Reglement pour les frais de contrainte, 208

Du 16. Fevrier 1640.

Ordonnance contre les Beneficiers payans décimes, pour les

declarations qu'ils doivent fournir, 209

Du 27 Fevrier 1640.

Ordonnance, portant que les Greffiers & Receveurs des décimes, donneront des Copies des Rolles des Beneficiers payans décimes, 211

Du 27. Fevrier 1640.

Ordonnance, qui permet aux Communautés de vendre & aliener à temps les biens desdites Communautés, pour le payement des Taxes, 212

Du 27. Fevrier 1640.

Arrest de la Chambre pour la Liquidation des Droits d'Amortissement. Portant Reglement sur les saisies réelles, Etablissement de Commissaires, vente & adjudication par decret des rentes & biens immeubles des Communautés & Gens de Main-morte, à faute de payement de leurs Taxes, 214

Du 19. Mars 1640.

Ordonnance pour la Taxe des Huissiers, 217

Du 26. Avril 1640.

Ordonnance concernant les Declarations pour les Droits d'Amortissement, 218

Du 3. May 1640.

Ordonnance, portant que les Fermiers des Gens de Main-morte, entre les mains desquels il a été fait des Saisies faute de declaration par lesdits Gens de Main-morte, payeront le tiers des loyers dûs, 221

Du 10. May 1640.

Ordonnance, que dans un mois les Marguilliers, Administrateurs & autres, seront tenus de faire faire des Publications pour vendre & aliener à temps pour le payement des Taxes, sinon contraints en leurs noms, 222

Du 6 Octobre 1640.

Arrest, portant que les revenus des Beneficiers payans déci-

Louis XIII. 1640.

mes, seront saisis pour le payement du Sixiéme, dû par chacune des deux années, 224

Du 24. Octobre 1640.

Declaration du Roy, portant que tous les Beneficiers de France, payans décimes, payeront un Sixiéme de la valeur de leur revenu par chacune des deux années, presente & prochaine; Et ce faisant, seront déchargés de fournir declarations de leurs biens, pour raison du Droit d'Amortissement par eux dû, 225

Du 12. Decembre 1640.

Arrest du Conseil, qui ordonne qu'il sera sursis à l'execution des Declarations & Arrests des dernier Fevrier, six & vingt-quatre Octobre 1640. Ce faisant, donne main levée aux Ecclesiastiques des saisies faites en consequence, les décharge des frais; & en cas qu'il en eût été perçû, qu'il leur en sera tenu compte, 231

Du 26. Fevrier 1641.

Bail fait par le Roy pour sept années, à commencer au premier Avril 1641. des Domaines & Droits casuels de la Prevôté & Vicomté de Paris; des Droits de Franc Fiefs & nouveaux Acquêts dûs dans tout le Royaume depuis l'année 1633. à raison d'une vingt-cinquiéme année du revenu, & du Centiéme denier du prix des ventes & alienations des Domaines, 232

Du 24. Juillet 1641.

Lettres Patentes qui déchargent les Ecclesiastiques & Communautés y dénommés, du payement des Droits d'Amortissement, pour leurs biens, jusques audit jour, au moyen du payement fait, suivant l'Assemblée du Clergé, tenuë en la Ville de Mante. 243

Du 24. Juillet 1641.

Declaration du Roy, portant décharge en faveur des Ecclesiastiques, du Droit de confirmation pour l'exemption des Tailles & Franc-Fiefs, tant de leurs patrimoines, qu'autres biens, à eux échûs par succession, donation, ou autrement, 246

Du 10. Aoust 1641.

Arrest du Conseil, portant que les sommes reçûës des Eccle-

siastiques depuis l'Arrest du douze Decembre, tant pour le sixiéme du revenu de leurs Benefices que pour les frais, leurs seront renduës, 248

Du 14. Aoust 1641.

Contrat passé à Mante le 14. Aoust 1641. entre le Roy & le Clergé de France, assemblé en ladite Ville, pour la subvention extraordinaire de cinq millions cinq cens mille livres, accordée à Sa Majesté par ladite Assemb ée de Mante, au lieu du Droit d'Amortissement, que l'on prétendoit faire payer aux Ecclesiastiques, 249

Du dernier Aoust 1641.

Arrest du Conseil, qui fixe le Droit d'Amortissement dû par l'Ordre de Saint Jean de Jerusalem à deux cens mille livres, 267

Du 11. Septembre 1641.

Arrest du Conseil, portant que les Eccesiastiques qui ont fait des payemens au Sieur Pidou, ses Commis & Procureurs, pour le Droit d'Amortissement, seront tenus de remettre ès mains du Sieur de la Ruelle, ou ses Commis, les Quittances desdits payemens, avec Certificat qu'elles auront été reçûës par ledit de la Ruelle, pour deniers comptans, lors du premier payement de leursdites Taxes, 272

Du 23. Octobre 1641.

Arrest du Conseil, portant que les Beneficiers qui ont payé pour le Droit d'Amortissement, des sommes plus fortes que celles ausquelles ils ont été taxés en l'Assemblée de Mante, remettront seulement des Copies collationnées des Quittances du Sieur Pidou, 273

Du 29. Novembre 1641.

Declaration du Roy, portant décharge à tous Roturiers possedans Fiefs, Terres & Seigneuries sujettes au ban & arriere-ban, d'aller ou envoyer à l'avenir aux convocations qui seront faites dudit ban & arriere-ban, ni de payer aucune Taxe pour la contribution d'icelui; Comme aussi de celles ci devant faites pour les précedentes convocations, en payant une année du revenu des Fiefs, 274

LOUIS XIII. 1641.

Du 3. Decembre 1641.

Declaration de Monsieur, Frere unique du Roy, Duc d'Orleans. Pour le payement du Droit d'Indemnité, dû à son Altesse Royale par les Ecclesiastiques, & autres Gens de main-morte, tant de l'étenduë de son Appanage depuis la concession d'icelui, que des Terres appartenantes à Mademoiselle, 277

Du 11. Janvier 1642.

Arrest du Conseil, qui ordonne que les six Recettes de l'Ordre de Saint Jean de Jerusalem, seront tenuës du payement & avance de la somme de deux cens mille livres, ordonnée être levée sur ledit Ordre par Arrest du 31. Aoust 1641. & accorde deux sols pour livre au Fermier pour les frais du Recouvrement, 281

Du 12. Juillet 1642.

Arrest du Conseil, portant défenses à Paleologo & à tous autres, de faire aucunes poursuites, contre les Ecclesiastiques, pour raison du Droit de Confirmation des biens qu'ils possedent en Franc-Aleu, Franc-Bourgages, & Franches-Bourgeoisies, jusqu'à ce qu'autrement par Sa Majesté en soit ordonné, 284

Du 22. Novembre 1642.

Arrest du Conseil, qui décharge les Ecclesiastiques du payement des Taxes faites pour la Confirmation des biens qu'ils possedent en Franc-Aleu; ordonne neanmoins que les biens en Franc-Aleu possedés en propres par les Ecclesiastiques, seront sujets au Droit de Franc-Aleu, 286

Du 9. Septembre 1644.

LOUIS XIV.

Arrest du Conseil, par lequel Sa Majesté a déchargé & décharge tous les Beneficiers, Prieurs, Vicaires, Offices Claustraux, & Communautés Ecclesiastiques payans décimes; ensemble les Chapelains non payans décimes, tant de Provence, que des autres Generalités de ce Royaume, de toutes les assignations qui peuvent leur avoir été données pour raison du Droit d'Amortissement; faisant défenses aux Commis pour le Recouvrement dudit Droit, de faire aucune poursuite à l'encontre d'eux pour raison de ce, à peine de tous dépens, dommages, & interests, 288

Du

Du 9. Septembre 1645.

Declaration du Roy, portant revocation des précedentes, qui ordonnent le payement des Taxes faites pour les Droits d'Amortissemens, Franc-Fiefs, Ban & arriere-Ban, & Franc Aleu, avec décharge des sommes restantes à recouvrer desdites Taxes, & pareille décharge de celles dûës par les Engagistes des Domaines, & possesseurs des biens allodiaux en Franc-Bourgages & Franche-Bourgeoisie, pour être confirmés en la joüissance d'iceux, 290

Du mois de Juillet 1646.

Lettres Patentes en forme d'Edit. Portant Amortissement general pour tous les Ecclesiastiques payans & non payans décimes, Communautés Seculieres & Regulieres, Monasteres, Offices Claustraux, Chapelles Prestimonies, Obits, Tresors, Fabriques, & toutes autres Fondations Pieuses generalement quelconques, sans que lesdits Ecclesiastiques puissent être recherchés à l'avenir, à cause des biens qu'ils possedoient lors du Contrat de Mante, 292

Du 18 Juillet 1646.

Arrest du Conseil, par lequel Sa Majesté, sans avoir égard aux Rolles arrêtés au Conseil, a déchargé tous les Ecclesiastiques & Beneficiers de ce Royaume, des sommes ausquelles ils pourroient avoir été taxés comme acquereurs des biens de Communautés Seculieres, pourvû que lesdites acquisitions soient faites au profit de l'Eglise, 295

Du 18. Septembre 1647.

Arrest qui ordonne que les Roturiers possedans Fiefs, & les Locataires dans la Ville Fauxbourgs & Banlieuë de Paris rapporteront leurs Titres & Baux, 298

Du 5. Decembre 1647.

Arrest qui ordonne que faute par les Proprietaires des Fiefs situés dans la Ville & Fauxbourgs de Paris, & leurs Locataires ou Fermiers, de representer leurs Titres & Baux, ils seront contraints au payement des sommes contenuës aux estimations, 300

Du 29. Decembre 1652.

Declaration du Roy, pour la levée & liquidation des Droits

Louis XIV. 1652.

de Franc-Fiefs, nouveaux Acquêts & Amortissemens, 302

Du 30. Decembre 1652.

Lettres qui nomment les Commissaires qui doivent composer la Chambre Souveraine des Franc-Fiefs & Amortissemens, en execution de la Declaration du 29. Decembre 1652. 311

Du 2. Juin 1653.

Declaration en faveur des Hôpitaux, Hôtels-Dieu, & nouveaux Monasteres établis depuis cinquante ans, pour l'exemption des Droits d'Amortissemens & de nouvel Acquêt, 316

Du 2. Juin 1653.

Lettres Portant que le recouvrement des Franc-Fiefs, nouveaux Acquêts & Amortissemens, sera fait sur les Quittances de Simon Prevost, controllées par Guillaume Clopet, 317

Du 2. Juillet 1653.

Arrest de la Chambre Souveraine, pour l'éxecution des Declarations des 29. & 30. Decembre 1652. 318

Du 2. Juillet 1653.

Reglement de la Chambre Souveraine des Franc Fiefs, nouveaux Acquêts & Amortissemens, pour la perception desdits Droits, 323

Du 6. Septembre 1653.

Arrest du Conseil, pour l'execution de la Declaration du Roy pour les Franc-Fiefs, nouveaux Acquêts & Amortissemens en Normandie, nonobstant l'Arrest du Parlement de Roüen, 326

Du 4. Mars 1654.

Declaration, portant Reglement pour les Droits de Sceau des Lettres d'Amortissemens des Communautés & autres personnes de Main-morte, 328

Du 9. Septembre 1654.

Arrest de la Chambre Souveraine des Franc-Fiefs & nouveaux Acquêts. Portant Reglement pour le Droit de nouvel Acquêt dû par la Ville de Tours, & pour le Droit de Franc-Fief, des

Fiefs, & biens Nobles possedés par les Habitans, 330

Du 19. Septembre 1654.

Arrest du Conseil en faveur des Habitans de la Ville d'Orleans, pour la décharge du Franc Fief, 332

Du 10. Octobre 1654.

Lettres Patentes, qui nomment les Commissaires pour les Amortissemens, Franc Fiefs, & nouveaux Acquêts, 335

Du 26. Janvier 1655.

Ordonnance des Commissaires, pour les declarations qui doivent être fournies pour les Franc Fiefs & Amortissemens, 338

Du 23. Fevrier 1655.

Reglement de la Chambre Souveraine des Franc Fiefs, nouveaux Acquêts & Amortissemens, 342

Du mois de Mars 1655.

Edit du Roy, portant alienation des Droits Seigneuriaux, Censives & Justices, du Parisis des Droits alienés, & autres Droits appartenans à Sa Majesté; avec création d'Intendans & Commis des Chartres, & commutation des Droits de Franc Fiefs & Amortissemens en un Droit annuel, 347

Du 30. Decembre 1655.

Arrest qui décharge les Traitans & Sous-Traitans du Recouvrement des Droits de Franc-Fiefs & nouveaux Acquêts, de compter en détail, en payant cent mille livres, 362

Du 20. Juin 1656.

Declaration du Roy, portant confirmation des exemptions des Droits de Franc-Fiefs, Ban & arriere-Ban, accordés aux Villes, Communautés, & Particuliers, en payant par chacun d'eux le vingtiéme denier de la valeur des Fiefs, Seigneuries, & autres biens nobles par eux possedés, pour raison desquels ils n'ont été cottisés en consequence de la Declaration du mois de Decembre 1652. en consideration desdites exemptions, l'exception des Nobles de race au degré de l'Ordonnance, des Offi-

Louis XIV. 1656.

ciers des Compagnies Souveraines, & des Conseillers-Secretaires du Roy, 365

Du premier Aoust 1656.

Arrest du Conseil, pour l'execution de la Declaration de Sa Majesté, du mois de Juin 1656. 369

Du mois de Novembre 1656.

Edit du Roy, portant permission aux Roturiers de posseder des Fiefs, Arriere-Fiefs, Aleux, Heritages, Rentes, Dixmes infeodées, & autres biens Nobles; avec affranchissement des Droits de Franc-Fiefs à l'avenir, en payant deux années du revenu des Biens, 372

Du 27. Janvier 1657.

Arrest du Conseil, portant confirmation des biens tenus en Franc-Aleu, Franc-Bourgage, ou Franche-Bourgeoisie, en payant les sommes portées aux Rolles. 378

Du 28. Fevrier 1657.

Arrest du Conseil, portant décharge des impositions faites dans les Paroisses taillables, pour joüir de l'exemption des Droits de Franc-Fiefs, par les Particuliers, & d'Amortissement & nouvel Acquêt par les Communautés: ordonne seulement une imposition dans les Villes & Bourgs, 379

Du 28. Fevrier 1657.

Arrest du Conseil, portant revocation des impositions ordonnées par l'Arrest du 23 Novembre 1656. sur les Villes, Bourgs & lieux, pour raison des Droits de Franc-Fiefs & nouveaux Acquêts, en payant les sommes ordonnées par ledit Arrest, 381

Du 17. May 1657.

Arrest du Conseil, portant que celui du premier Aoust 1656. sera executé; ce faisant, les saisies & informations des Fiefs & biens Nobles possedés par les Habitans qui se prétendent exempts du Droit de Franc-Fief, continuées, nonobstant les Arrests du Parlement de Roüen, 383

Du 17. May 1657.

Arrest du Conseil, portant décharge des amendes ordonnées par un Arrest du Conseil Privé du 22. Decembre 1656. fait défenses aux Juges Royaux d'empêcher les Huissiers faisans les informations, & à tous Huissiers, Archers ou Sergens de faire aucunes contraintes sur ceux employés pour l'execution des Rolles & Arrests concernans la confirmation de l'exemption des Droits de Franc-Fiefs, 385

Du 25. Juin 1657.

Lettres Patentes registrées en la Chambre Souveraine des Franc-Fiefs, nouveaux Acquêts & Amortissemens, pour l'execution de l'Edit du mois de Novembre 1656. 387

Du 19. Juillet 1657.

Arrest du Conseil, qui commet des Juges pour juger en premiere Instance les contestations au sujet des Droits de Franc-Fiefs dans les Generalités de Roüen, Caën, Allençon, Tours & Amiens, & pour les Villes de Compiegne & Beauvais, 391

Du 27. Aoust 1657.

Declaration du Roy, portant confirmation des Privileges & Exemptions des Droits de Fanc-Fiefs, Ban & arriere-Ban cidevant accordés aux Habitans des Villes & autres lieux privilegiés, & à tous autres Particuliers joüissans de ladite Exemption; avec décharge du payement de la Taxe des deux années du revenu des Fiefs, ordonnée par l'Edit du mois de Novembre mil six cens cinquante six; Ensemble la confirmation des Privileges, Franchises, Libertés & Immunités pour les biens tenus en Franc-Aleu, Franche-Bourgade, & Franche-Bourgeoisie, en payant le vingtiéme denier de la valeur desdits biens. 393

Du 29. Aoust 1657.

Arrest de la Chambre Souveraine des Franc-Fiefs, nouveaux Acquêts & Amortissemens. Portant Reglement pour la perception desdits Droits, les Quittances & les Frais, 401

Du 19. Novembre 1657.

Lettres Patentes, portant Commission pour l'execution de la

LOUIS XIV. 1657.

Declaration, concernant la confirmation de l'exemption des Droits-de Franc-Fiefs, Ban, arriere-Ban, & des biens tenus en Franc-Aleu, &c. 407

Du 28. Novembre 1657.

Arrest d'Enregistrement de la Chambre Souveraine des Franc-Fiefs, nouveaux Acquêts, & Amortissemens, 410

Du 12. Decembre 1657.

Reglement de la Chambre Souveraine des Franc-Fiefs, & nouveaux Acquêts, pour les informations pour la valeur des biens Nobles, l'expedition des Rolles, les frais & significations d'iceux, & le pouvoir des Juges subdelegués, & frais de poursuites, 413

Du 12. Decembre 1657.

Ordonnance de Nosseigneurs de la Chambre Souveraine. Pour la Recherche, Taxe & Liquidation des Droits de Franc-Fiefs, nouveaux Acquêts & Amortissemens, 419

Du 27. Janvier 1658.

Arrest de la Chambre Souveraine de Franc-Fiefs. Contre un prétendu Noble & une fausse declaration de la valeur des biens sujets au Droit de Franc-Fief, 421

Du 3. Avril 1658.

Arrest du Conseil, portant décharge du Droit de Franc-Fief & nouvel Acquêt, demandé à un Ecclesiastique,. 426

Du 10. Avril 1658.

Arrest de la Chambre Souveraine des Franc-Fiefs, nouveaux Acquêts & Amortissemens. Contre les Commissaires établis aux saisies réelles faites sur les redevables des Droits de Franc-Fiefs; ordonne qu'ils seront tenus de faire leur devoir, de comparoir aux assignations qui leur seront données pour rendre compte; & faute de compter, les répute débiteurs. 428

Du 10. Avril 1658.

Arrest de la Chambre Souveraine des Franc-Fiefs, nouveaux Acquêts & Amortissemens. Qui ordonne la communication de

tous les Titres & Enseignemens des Fiefs & biens Nobles, & de tous ceux en Franc-Aleux, 430

Du 29. May 1658.

Arrest de la Chambre Souveraine des Franc-Fiefs. Qui ordonne que les Fermiers & Débiteurs des Redevables du Droit d'Affranchissement, qui ont fait leur affirmation, vuideront leurs mains : Et que ceux qui n'ont point affirmé, seront declarés Débiteurs de la Taxe entiere, 431

Du premier Juin 1658.

Arrest du Conseil, Qui décharge les Beneficiers du Diocese du Mans, payans & non payans Decimes, & tous autres Ecclesiastiques, des Droits de Franc Fiefs & nouveaux Acquêts, tant pour leurs biens propres, que pour leurs Acquisitions & autres, 433

Du 6. Juin 1658.

Arrest du Conseil, qui évoque toutes les Instances des Commis, Archers, Sergens & autres, employés au Recouvrement des Taxes, pour la confirmation des Exemptions des Droits de Franc-Fiefs ; & renvoye icelles aux Requêtes de l'Hôtel, pour y être jugées en premiere Instance, & par appel au Parlement de Paris. 435

Du 3 Juillet 1658.

Arrest portant surseance en faveur des Ecclesiastiques & Beneficiers, pour raison des Droits de Franc-Fiefs & nouvel Acquêt. 436

Du 31. Juillet 1658.

Arrest de Reglement general de la Chambre souveraine du Domaine. Portant défenses aux Traitans des Franc-Fiefs, de proceder par voye de Saisie d'aucuns Bestiaux, ni sur les autres biens que ceux sujets aux Droits de Franc Fiefs, 441

Du 28. Aoust 1658.

Arrest du Conseil, qui condamne les Beneficiers non Nobles payans ou non payans Decimes, au payement des Droits de Franc-Fiefs & de nouvel Acquêt pour leurs biens propres, maintient les biens Ecclesiastiques dans l'exemption d'iceux, 443

Louis XIV. 1658.

Du 24. Octobre 1658.

Arrest du Conseil, qui ordonne le Recouvrement des sommes restantes à recouvrer des Droits de Franc Fiefs & affranchissemens d'iceux, & que les Commis seront tenus de compter de ce qu'ils ont reçû, 445

Du 24. Octobre 1658.

Arrest du Conseil, portant Renvoi en la Chambre Souveraine des Franc-Fiefs, de toutes les Oppositions & Appellations formées au Parlement de Paris, par les Habitans des Villes Exempts & Privilegiés, & ceux qui possedent des biens en Franc-Aleu; ordonne l'execution de la Declaration du vingt Aoust mil six cens cinquante-sept, 448

Du mois d'Octobre 1658.

Edit du Roy, portant revocation de l'Edit du mois de Mars 1655, qui avoit converti le Droit de Franc-Fief en Droit Annuel; décharge les possedans Fiefs & leurs successeurs à l'avenir, de payer aucuns Droits de Franc-Fief, en payant deux années du Revenu desdits Fiefs; confirme les Habitans des Villes & lieux exempts du Droit de Franc Fiefs, de Ban & arriere-Ban, & les possesseurs des biens en Franc Aleu, Franc-Bourgage & Franche-Bourgeoisie dans leurs Exemptions, Privileges; & décharge de tous Droits & Indemnité, en payant le vingtiéme denier au lieu du douziéme, ordonné par la Declaration du mois de Fevrier 1640. 451

Du 20. Decembre 1658.

Declaration, portant décharge & remise des Droits que le Roy pouvoit demander à tous Acquereurs, Possesseurs & Detempteurs de Biens, Terres, Seigneuries, Maisons, Cens, Rentes, & autres Droits immobiliers vendus, engagés, alienés, ou baillés à Baux d'heritage, à vie, ou par Emphitheose, au-dessus de vingt-neuf années, par les Gens de Main morte soit à raison de la proprieté desdits biens, ou pour confirmation des alienations & décharges de Décimes, & autres Impositions, en payant à Sa Majesté une année de revenu desdits biens & Droits, pour ceux alienés dans l'espace de cent années, jusqu'au jour de l'avenement du Roy à la Couronne; Et à l'égard de ceux desdits biens donnés

donnés par Baux au dessous de vingt-neuf années, échangés ou baillés à Cens, Fief ou Rente non Rachetable sans Lettres de Permission, il sera payé une demi-année du revenu, 459

Louis XIV. 1659.

Du 12. Fevrier 1659.

Ordonnance du Roy, portant injonction à tous Beneficiers, Marguilliers, Echevins, Consuls, Communautés, & autres Gens de Main morte, d'envoyer aux Bureaux pour ce établis, la declaration des biens par eux ou leurs prédecesseurs vendus, engagés, alienés, arrentés, baillés par Emphitheose, & échangés depuis l'an 1542 avec commandement aux Possesseurs & Détempteurs desdits biens alienés, d'en bailler declaration, contenant leurs bornes, qualité, nature, & valeur annuelle. 464

Du 27 Mars 1659.

Arrest du Conseil, qui évoque en la Chambre des Amortissemens & Franc Fiefs, les contestations formées devant le sieur Intendant en la Generalité d'Amiens, par les Habitans des Villes de Mondidier & Roye, 466

Du 28. May 1659.

Arrest du Conseil, qui ordonne que la somme de quatre mille cinq cens livres, imposée dans l'Election de Peronne, pour les Franc Fiefs & nouveaux Acquêts, sera payée au Receveur des Tailles, 468

Du 18. Juin 1659.

Arrest de la Chambre Souveraine des Franc Fiefs, qui ordonne que les Fermiers qui ont affirmé & rapporté leurs Baux, seront contraints de vuider leurs mains: Et à l'égard de ceux qui n'ont fait leur Affirmation, & qui ont fait des payemens par avance, ils seront contraints au payement des Taxes, nonobstant les Quittances desdits payemens, sauf leurs recours, &c. 469

Du 18. Juin 1659.

Arrest du Conseil, portant cassation & revocation des Lettres en forme de Requeste Civile, surprises par les Maires & Echevins des Villes du Mans, Angers & autres, à l'encontre des Arrests du Parlement de Paris, portant renvoi de leurs oppositions en la Chambre Souveraine des Franc-Fiefs; ordonne que lesdi-

Louis XIV. 1659.

tes Lettres, seront rapportées pour être cancelées le Sceau tenant, & que lesdits Arrests du Parlement & celui du Conseil, du 24. Octobre 1658. seront executés selon leur forme & teneur, 471

Du 18. Juin 1659.

Ordonnance de la Chambre Souveraine des Franc-Fiefs, nouveaux Acquets & Amortissemens, pour l'execution de l'Arrest du Conseil du 14. Octobre 1654. contre les Fermiers des Fiefs, pour vuider leurs mains, 475

Du 5. Juillet 1659.

Arrest de la Cour du Parlement de Paris. Portant défenses de faire aucunes poursuites pour le Droit d'Amortissement, contre les Habitans de la Ville de Meaux, & les Habitans & Marguilliers de Vilnoy. 477

Du 23. Juillet 1659.

Arrest du Conseil, qui renvoye en la Chambre des Franc-Fiefs l'opposition des Maire & Eschevins d'Orleans, 478

Du 18. Septembre 1659.

Arrest du Conseil, qui renvoye en la Chambre, des Franc-Fiefs les oppositions des Habitans des Villes de Mondidier & de Roye. 480

Du 23. Octobre 1659.

Arrest du Conseil, qui renvoye en la Chambre des Franc-Fiefs les oppositions des Habitans de la Ville d'Amiens, 482

Du 24 Novembre 1659.

Arrest d'Enregistrement en la Chambre établie pour les Taxes qui doivent être payées pour les alienations des biens des Gens de Main-morte, en execution de la Declaration du Roy du 20. Decembre 1658. Pour le payement des Taxes qui doivent être payées pour lesdits biens, 485

Du 26. Novembre 1659.

Arrest du Conseil, qui condamne les Habitans des Villes de Mondidier, Roye, & autres Lieux, à payer le Droit d'Amortissement, 487

Du 17. Mars 1660.

Arrest de la Chambre Souveraine des Franc-Fiefs, qui ordonne que les Redevables qui auront détourné leurs fruits saisis, seront contraints au payement, ainsi que le pourroient être leurs Fermiers, 489

Du 21. Avril 1660.

Arrest du Conseil, qui renvoye en la Chambre des Franc-Fiefs, l'opposition d'un Habitant de la Ville d'Angers, 490

Du 29. Avril 1660.

Arrest du Conseil, qui ordonne que les contestations pour les Taxes seront jugées par la Chambre des Franc-Fiefs; & renvoye au Parlement les condamnations criminelles qui pourront meriter des peines afflictives, 492

Du 29. Avril 1660.

Arrest du Conseil, qui renvoye en la Chambre des Franc-Fiefs, l'opposition des Habitans de la Province d'Auvergne; & ordonne la continuation des Taxes. 494

Du 12. May 1660.

Arrest de la Chambre Souveraine des Franc-Fiefs. Contre des Particuliers Habitans de la Ville du Mans, 497

Du 23. Juin 1660.

Arrest de la Chambre Souveraine des Franc-Fiefs, qui ordonne que les Fermiers des Redevables des Taxes pour le Droit de Confirmation des Fiefs, seront contraints par corps, 499

Du 30. Juin 1660.

Arrest du Conseil, qui renvoye en la Chambre des Franc-Fiefs les contestations formées par les Habitans des Villes d'Angers, du Mans, & autres, qui se prétendent exempts des Droits de Franc-Fiefs, 504

Du 30. Juin 1660.

Arrest du Conseil, qui ordonne que les Commis seront tenus

Louis XIV. 1660.

de compter au Traitant General, des sommes par eux reçûës pour la confirmation de l'exemption du Franc-Fief, 507

Du 14. *Juillet* 1660.

Arrest de la Chambre Souveraine des Franc Fiefs, qui ordonne le payement personnel des Taxes pour le Droit de Franc-Fief des Habitans des Villes & Paroisses de l'Election de Mondidier & de Roye, sauf aux Habitans à se pourvoir pour le remboursement de la somme de quatorze mille livres, payée par imposition generale, 509

Du premier Septembre 1660.

Arrest du Conseil, contre les Habitans des Villes du Mans, Amiens, Abbeville & autres, 512

Du 22. *Septembre* 1660.

Arrest du Conseil, contre les Habitans de la Ville de Chartres, & autres Villes privilegiées, possedans Fief & leurs Fermiers, 516

Du 22. *Septembre* 1660.

Arrest du Conseil, portant moderation des Taxes de la Confirmation des Franc-Fiefs, en faveur des Habitans de plusieurs Villes, 518

Du 6. *Octobre* 1660.

Arrest du Conseil, qui décharge les Ecclesiastiques du Droit de Franc-Fief, 520

Du 21. *Octobre* 1660.

Arrest du Conseil, qui fait défenses aux Maires, Echevins & Habitans des Villes privilegiées, de se pourvoir pour raison des Franc-Fiefs, au Parlement, ni ailleurs qu'au Conseil, & en la Chambre Souveraine, ou pardevant les Subdeleguės d'icelle, 522

Du 9. *Novembre* 1660.

Arrest du Conseil, qui ordonne l'execution de la Declaration du Roy, du 27. Aoust 1657, & Arrests du Conseil, & Reglemens de la Chambre Souveraine des Franc Fiefs, en consequence; & fait défenses aux Habitans d'Angers, de s'assembler avec

Armes, troubler ni empêcher les Commis au recouvrement des Taxes, aux peines y portées, 525

Du 2. Avril 1661.

Arrest du Conseil, portant surséance & révocation dediverses Taxes, & entr'autres de celles des Franc-Fiefs, noveaux Acquêts, & confirmation de l'exemption desdits Franc-Fiefs, 528

Du 5. May 1661.

Arrest du Conseil, portant que le Recouvrement des Taxes de l'affranchissement des Franc-Fiefs, ordonnées par l'Edit du mois de Novembre 1656, sera fait & continué, & les Redevables contraints au payement d'icelles, 530

Du 16. May 1661.

Arrest du Conseil, portant surséance de la Perception des Droits d'Amortissemens & de Franc-Fiefs, 535

Du 15. Juin 1661.

Arrest d'Enregistrement de l'Arrest du Conseil du cinq May mil six cens soixante-un, 532

Du 28. Juillet 1661.

Arrest du Conseil, portant cassation d'un Arrest du Parlement; ordonne qu'il sera passé outre à la levée des Taxes de l'affranchissement des Franc-Fiefs en la Ville du Mans, 536

Du 12. Janvier 1662.

Arrest du Conseil, portant renvoy aux Requêtes de l'Hôtel, pour faire le Procès à plusieurs Particuliers de la Ville du Mans, faute d'avoir satisfait à l'Arrest du 28 Juillet 1661. 542

Du 12. Janvier 1662.

Arrest du Conseil, portant que le Recouvrement des Taxes de l'affranchissement des Franc Fiefs, sera continué dans la Province de Poitou; ordonne le Procès être instruit contre plusieurs Particuliers, 544

Du 15. Juillet 1662.

Arrest de la Chambre des Franc-Fiefs, qui décharge le Curé

Louis XIV. 1663.

de la Vandelée en Normandie, de l'affranchissement du Droit de Franc-Fiefs, pour une Fuye sur la porte de son Presbytere; & Nicolas Gosselin, en faisant sa declaration qu'il n'en possede pas, 547

Du 4. Juillet 1663.

Arrest du Conseil, portant que Me Gabriel Dallet poursuivra incessamment en la Chambre de Justice, l'examen & arrêté du compte de la recette & dépense par lui faite, pour raison du Traité des Taxes pour l'affranchissement des Franc-Fiefs, 548

Du 22. May 1667.

Arrest du Conseil, qui admet le Franc-Aleu Roturier dans la Province de Languedoc, sans être obligé à justifier de Titre. Et à l'égard du Franc-Aleu Noble, qu'il sera justifié par bon Titre, &c. 551

Du mois de Mars 1669.

Lettres Patentes, portant confirmation des Privileges des Prevôts des Marchands, Echevins, & autres Officiers, Bourgeois & Habitans de la Ville de Paris, 553

Du mois de Mars 1672.

Edit du Roy, portant décharge du Droit de Franc-Fief à toûjours, en faveur de Roturiers non Nobles, & leurs Successeurs & Heritiers possedans Fiefs, Aleux, & autres Biens & Droits Nobles; en payant trois années du revenu d'iceux, tant pour la joüissance du passé, que pour l'affranchissement à l'avenir; ordonne le payement du Droit de nouvel Acquêt dû par les Gens de Main-morte, & les Communautés des Villes & Bourgs, 557

Du 23. Mars 1672.

Declaration du Roy, qui confirme l'affranchissement des Droits de Franc-Fiefs porté par l'Edit du mois de Novembre 1656. dans le Ressort des Cours de Parlement de Paris & Roüen, en payant une année du revenu d'iceux : Ordonne le Recouvrement dudit Droit, contre ceux qui ne l'ont pas payé : & ordonne pareillement le Recouvrement du nouvel Acquêt, 562

Du 26. Mars 1672.

Arrest du Conseil, qui regle la forme dans laquelle les Re-

devables doivent fournir leurs declarations pour le Droit de Franc-Fief, les délais des oppositions & Procedures ; Ordonne la representation des Titres, Baux & Quittances ; Et que le Droit sera payé par préference à toutes Saisies, même Réelles, &c. 566

Du 10. *May* 1672.

Arrest du Conseil, portant Commission pour instruire & rapporter les affaires concernant les Franc-Fiefs, 569

Du 5. *Juillet* 1672.

Arrest du Conseil, qui modere à la moitié le Droit du Controlle des Exploits, pour le Recouvrement des Franc-Fiefs, &c. *ibid.*

Du 19. *Juillet* 1672.

Arrest du Conseil, qui regle la forme des Declarations pour les Droits & les affranchissemens des Franc-Fiefs, les délais des oppositions & Procedures ; Ordonne la representation des Titres, Baux & Quittances ; Et le payement des Droits par préference à toutes Saisies, même Réelles, &c. 570

Du 9. *Aoust* 1672.

Arrest du Conseil, qui ordonne que les frais des contraintes pour le Recouvrement des Droits de Franc-Fief & affranchissement d'iceux, seront taxés par les Commissaires départis ou leurs Subdelegués, 573

Du 9. *Aoust* 1672.

Arrest du Conseil, qui ordonne que le Recouvrement des Droits de Franc-Fief, affranchissement d'iceux, & Droits de nouveaux Acquêts, sera fait par les Receveurs des Tailles, Commis ausdites Recettes, ou autres, 574

Du 20. *Septembre* 1672.

Arrest du Conseil, qui défend à tous Seigneurs, & autres Personnes privilegiées, de resserrer les Effets des Redevables des Droits de Franc-Fief, affranchissement d'iceux, & nouveaux Acquêts, 575

Du 20. *Septembre* 1672.

Arrest du Conseil, qui ordonne que les Particuliers qui pré-

LOUIS XV. 1672.

tendent avoir payé le Droit d'affranchissement des Franc-Fiefs, representeront leurs Quittances pardevant les Commissaires départis, ou leurs Subdelegués, 577

Du 23. Novembre 1672.

Arrest du Conseil, qui ordonne que les Rolles des Taxes des Franc-Fiefs, affranchissemens d'iceux, & de nouveaux Acquêts, seront faits sur les anciens Rolles, ou sur les estimations des Experts nommés par les Sieurs Intendans, 578

Du 31. Decembre 1672.

Arrest du Conseil, pour faire communiquer & expedier au Traitant des Franc-Fiefs, par les Greffiers, Notaires, & autres Personnes publiques, les actes qu'ils ont entre les mains, necessaires à son Recouvrement, moyennant salaires raisonnables, 579

Fin de la Table du premier Tome.

TOME SECOND.

Du 4. Janvier 1673.

ARREST du Conseil de Reglement, pour les Poursuites & Contraintes qui seront faites pour le Recouvrement des Droits de Franc-Fiefs, nouveaux Acquêts, & Affranchissemens desdits Droits de Franc-Fiefs, page 1

Du 28. Janvier 1673.

Arrest du Conseil, pour la Confirmation des Privileges des Habitans des Villes Franches; en payant par les Possesseurs des Fiefs & autres biens en Franc-Aleu, Franches-Bourgades & Franches-Bourgeoisies, le revenu de deux années, 4

Du 25. Fevrier 1673.

Arrest du Conseil, qui ordonne que les Redevables des Droits de Franc Fief, & affranchissement d'iceux, payeront les Taxes sur eux faites, sans avoir égard aux Contrats, & autres actes qu'ils

qu'ils pourroient avoir faits pour la division de leurs Fiefs, posterieurs à la Declaration du Roy, & autres Ventes & Echanges supposées, 6

Du 25. Fevrier 1673.

Arrest du Conseil, qui ordonne que les Exploits pour le Recouvrement des Droits de Franc-Fiefs & Amortissemens, seront controllés dans la huitaine de la datte, 7

Du 18. Mars 1673.

Arrest du Conseil, portant Reglement pour la Taxe des Frais qui seront faits contre les Redevables des Droits de Franc-Fiefs, affranchissement diceux & nouveaux Acquêts, 8

Du 18. Mars 1673.

Arrest du Conseil, qui confisque au profit de Sa Majesté, & réünit à son Domaine les biens Nobles qui n'auront point été declarés pour les Droits de Franc-Fiefs & nouveaux Acquêts, 11

Du 29. Avril 1673.

Arrest du Conseil, portant surséance pendant six mois à toutes poursuites faites ou à faire contre les Officiers servans dans les Troupes des Armées de Sa Majesté, pour raison des Taxes des Franc-Fiefs, 13

Du 11. May 1673.

Arrest du Conseil, pour informer des Compositions illicites, & Exactions faites par les préposés au Recouvrement des Franc-Fiefs, & affranchissement d'iceux, nouveaux Acquêts, &c. 14

Du 12. Juin 1673.

Arrest du Conseil, qui ordonne le payement du Droit de nouvel Acquêt par les Gens de Main-morte, & que les Ecclesiastiques non Nobles payeront les Droits de Franc-Fiefs, pour les Fiefs & autres biens Nobles par eux acquis à titre particulier, ou pour leurs biens patrimoniaux de ladite qualité, &c. 15

Du 22. Juillet 1673.

Arrest du Conseil, qui ordonne le payement du Droit de Franc-Fief & affranchissement d'icelui pour les Moulins, Colom-

Louis XIV. 1673.

biers, Tryes, Fuyes, & Volieres à Pigeons, dans la Province de Normandie, 19

Du 29. Juillet 1673.

Arrest du Conseil, qui ordonne que les Roturiers possedans Fiefs, & autres biens Nobles, qui ont payé deux années du revenu d'iceux, pour joüir de l'affranchissement porté par l'Edit de 1656. payeront seulement une année du revenu desdits biens, pour y être confirmés: & que ceux qui n'ont pas payé, payeront outre ladite année, deux autres années dudit revenu, &c. 21

Du 5. Aoust 1673.

Arrest du Conseil, qui ordonne qu'il sera tenu des Registres du Recouvrement des Droits de Franc-Fiefs & nouveaux Acquêts, 23

Du 5. Aoust 1673.

Arrest du Conseil, qui ordonne que les Ecclesiastiques & Communautés Seculieres & Regulieres, & autres Gens de Mainmorte, fourniront leurs declarations des biens par eux acquis depuis l'année 1641. & que jusques à ce ils ne seront point déchargés de la recherche faite pour raison de l'Amortissement, quoiqu'ils eussent été compris dans les Rolles, & payé les sommes y contenuës, 25

Du 12. Aoust 1673.

Arrest du Conseil, portant décharge du Droit de Franc-Fief, pour les biens tenus en Franc-Aleu Roturier, 26

Du 18. Novembre 1673.

Arrest du Conseil, qui ordonne que les Gens de Main-morte qui n'ont point payé l'Amortissement des acquisitions par eux faites, payeront les sommes ausquelles ils ont été ou seront taxés, en consequence de l'Edit du mois de Mars 1672. nonobstant tous Dons & Remises, 28

Du 2. Decembre 1673.

Arrest du Conseil, qui ordonne que les Sous-Traitans du Recouvrement des Taxes des Franc-Fiefs, feront incessamment expedier & controller les Quittances du Garde du Tresor Royal, & du Tresorier des Revenus casuels, necessaires à leurs Recouvremens, 31

Du 23. Decembre 1673.

Arrest du Conseil, qui décharge les Maire, Echevins & Habitans de la Ville de Joigny, du Droit d'Amortissement de leurs Bois, attendu le payement par eux fait en 1641. 33

Du 6. Janvier 1674.

Arrest du Conseil, qui ordonne que les Communautés & autres Gens de Main-morte, qui n'ont point obtenu de Lettres d'Amortissement, ou qui les ont obtenuës sans payer Finance, payeront une année du revenu des biens, 36

Du 13. Janvier 1674.

Arrest du Conseil, qui ordonne que les Saisies Réelles qui ont été & seront faites, faute de payement des Droits de Franc-Fiefs sur les Habitans des Villes franches, seront poursuivies aux Requestes de l'Hôtel, 37

Du 10. Fevrier 1674.

Arrest du Conseil, qui declare nuls tous les Billets & Recepissés des Commis de Maître Gabriel Dallet, chargé du Recouvrement des Droits d'affranchissement des Franc-Fiefs, en consequence de l'Edit du mois de Novembre 1656. & même les Quittances dudit Dallet, qui n'auront été representées dans le mois, 39

Du 31. Mars 1674.

Arrest du Conseil, qui declare nulles & de nul effet les Quittances de Maître Gabriel Dallet, qui n'ont pas été representées pardevant les Commissaires départis, ausquels il est enjoint de les faire saisir, & faire le Procès à ceux entre les mains desquels elles se trouveront, & qui les exposeront, 40

Du 31. Mars 1674.

Arrest du Conseil, qui décharge les Habitans de Dieppe du du Droit de Franc-Fief, 41

Du 7. Avril 1674.

Arrest du Conseil, portant continuation de la Surseance ac-

LOUIS XIV. 1674. cordée aux Officiers servans dans les Troupes, des poursuites faites contr'eux pour les Franc-Fiefs, 45

Du 2. Juin 1674.

Arrest du Conseil, qui ordonne que les Fabriques, Tresors des Eglises, & autres Fondations pieuses, ne pourront être poursuivies pour le payement du Droit de nouveaux Acquêts, que pour les biens à eux donnés ou legués depuis l'année 1641. 46

Du 16. Juin 1674.

Arrest du Conseil, qui fixe le temps & la forme des oppositions aux Rolles des Taxes des Franc-Fiefs, affranchissemens d'iceux & nouveaux Acquêts, 50

Du 21 Juillet 1674.

Arrest du Conseil qui ordonne que les Redevables des Droits de Franc-Fiefs, seront contraints au payement de leurs Taxes, par Saisies Réelles de leurs Immeubles sujets ausdits Droits; que les Criées & les adjudications seront faites & poursuivies aux principaux Bailliages des Villes où les Bureaux des Finances sont établis, &c. 52

Du 11. Aoust 1674.

Arrest du Conseil, qui fait défenses aux Avocats dudit Conseil, d'instruire les Instances concernant les Droits de Franc Fiefs & nouveaux Acquêts, ailleurs que pardevant les Commissaires Generaux, 53

Du 2. Janvier 1675.

Arrest du Conseil, qui ordonne, que faute par les Possesseurs des Fiefs, de donner leurs declarations dans le tems fixe, lesdits Fiefs demeureront confisqués & reünis au Domaine, 55

Du 6. Mars 1675.

Arrest du Conseil, pour faire convertir en Quittances des Gardes du Tresor Royal, & du Tresorier des Revenus casuels, les Recepissés des Commis & Préposés de Maître Claude Vialet, chargé du Recouvrement des Droits de Franc-Fiefs & nouveaux Acquêts, &c. 56

Du 9. Mars 1675.

Arrest du Conseil, qui ordonne que dans un mois les Trai-

tans du Recouvrement des Taxes des Droits de Franc-Fiefs & nouveaux Acquêts, rapporteront les Rolles qui leur ont été délivrés, avec des Etats certifiés de leur Recette, 58

Du 9. Mars 1675.

Arrest du Conseil, qui declare nulles les Quittances de Maître Gabriel Dallet, qui n'ont pas été representées dans le temps porté par autre Arrest sur ce rendu; & ordonne que nonobstant icelles les Redevables seront contraints au payement de trois années, 60

Du 30. Mars 1675.

Arrest du Conseil, pour faire saisir & vendre les immeubles sujets aux Droits de Franc-Fiefs & nouveaux Acquêts, faute de payement des Taxes faites pour raison d'iceux, 61

Du 24. May 1675.

Arrest du Conseil, qui ordonne que Messieurs les Intendans se transporteront dans les Elections, pour y attester des Etats du Recouvrement des Franc-Fiefs & nouveaux Acquêts, informer & faire le Procès pour les malversations commises, 64

Du 31. May 1675.

Arrest du Conseil, qui ordonne que les Particuliers qui ont fait des Consignations, pour être reçûs en leurs oppositions & appellations des Taxes faites pour raison des Droits de Franc-Fiefs, Amortissemens d'iceux & nouveaux Acquêts, les feront juger dans un mois; autrement les sommes consignées seront portées au Tresor Royal, 66

Du 9. Septembre 1675.

Arrest du Conseil, qui décharge les Fabriques des Taxes faites pour les Droits de nouveaux Acquêts, à cause des biens qu'elles possedoient avant l'année 1641. 70

Du 9. Septembre. 1675.

Arrest du Conseil, qui décharge les Ecclesiastiques des nouveaux Acquêts, pour les Rentes de Constitution rachetables, 72

LOUIS XIV. 1675.

Du 9. Septembre 1675.

Arrest du Conseil, qui décharge les Ecclesiastiques des Droits de nouveaux Acquêts pour les biens échangés, 73

Du 9. Septembre 1675.

Arrest du Conseil, qui décharge les Beneficiers des Taxes faites sur eux, par les Maires & Echevins des Villes, pour raison des Franc-Fiefs, 75

Du 19. Octobre 1675.

Arrest du Conseil, qui ordonne le Recouvrement des Droits de Franc-Fiefs, affranchissemens d'iceux, nouveaux Acquêts, suivant les Rolles, sans avoir égard aux décharges accordées par les Subdelegués de Messieurs les Intendans, 76

Du 26. Octobre 1675.

Arrest du Conseil, qui ordonne que sur les deniers provenans des Fermages, Regies & adjudications des Fiefs & biens Nobles, saisis & vendus par Decret pour les Droits de Franc Fiefs, seront employés au payement des Taxes par préference à tous Créanciers, 78

Du 22. Fevrier 1676.

Arrest du Conseil, pour faire taxer les frais du Recouvrement des Franc Fiefs & nouveaux Acquêts, 79

Du premier May 1676.

Arrest du Conseil, qui condamne à payer le Droit de Franc-Fief pour un Bail à rente d'un bien Noble dont le Bailleur a retenu la foi & hommage, 81

Du 13. Fevrier 1677.

Arrest du Conseil, qui ordonne que les biens saisis pour les Droits de Franc-Fiefs & affranchissement d'iceux, seront vendus devant les Baillifs Sénéchaux, suivant les distances des lieux, portées audit Arrest, 85

Du 6 Mars 1677.

Arrest du Conseil, qui ordonne que les Habitans des Villes

franches, qui possedent des biens Nobles hors l'étenduë de la Generalité de leurs residences, seront tenus d'en payer le Droit de Franc-Fief. 86

Du 14. Aoust 1677.

Arrest du Conseil, qui ordonne que dans un mois les Opposans feront vuider les Instances, & signifier les Jugemens qu'ils auront obtenus; faute de quoi, contraints au payement des sommes contenuës aux Rolles; avec défenses de se pourvoir contre les Traitans, pour raison des sommes reçûës: Et que les Redevables qui n'ont pas rapporté les quittances d'affranchissement dûëment paraphées, payeront le surplus des sommes contenuës aux Quittances de Finance qui ont été expediées par le Garde du Tresor Royal, 88

Du 4. Janvier 1678.

Arrest du Conseil, qui ordonne que dans la quinzaine les Sous-Traitans du Recouvrement des Droits de Franc-Fiefs, affranchissement d'iceux, & nouveaux Acquêts, fourniront des Etats certifiés des sommes par eux reçûës, en feront le payement & rapporteront les ampliations des Quittances à eux délivrées pour ledit Recouvrement, 91

Du 7. Janvier 1679.

Arrest du Conseil, qui décharge Vialet, chargé du Recouvrement des Taxes des Franc-Fiefs & nouveaux Acquêts, des demandes qui pourroient être formées pour les sommes dont les Quittances ont été expediées, & les ampliations remises au Tresor Royal, 93

Du premier Juin 1680.

Arrest du Conseil pour le Recouvrement du Droit des Franc-Fiefs en Flandre, à raison de trois années du Revenu, 94

Du premier Juin 1680.

Arrest du Conseil, qui regle la forme des declarations, & les délais des Procedures, pour le Recouvrement des Droits de Franc-Fiefs, & nouveaux Acquêts en Flandre, & ordonne la representation des Titres & Baux, 96

LOUIS XIV. 1681.

Du 15. Janvier 1681.

Arrest du Conseil, portant Reglement pour des Droits de Franc-Fiefs & de nouvel Acquêt, 98

Du premier Fevrier 1681.

Arrest du Conseil, pour le Recouvrement des Droits de Franc-Fiefs en Flandre, qui regle le pied sur lequel le Recouvrement des biens acquis avant l'année 1671. & depuis sera fait, 102

Du 22. Fevrier 1681.

Arrest du Conseil, qui regle la Forme des declarations à fournir pour les Franc-Fiefs & nouveaux Acquêts dans le Comté d'Artois par les Roturiers & les Gens de Main morte, 106

Du 23. May 1682.

Arrest du Conseil, qui ordonne la representation des Recepissés donnés par les Sous Traitans des Franc-Fiefs, à peine de nullité, 108

Du 19. Aoust 1684.

Arrest du Conseil, pour faire compter du Traité fait le 18 May 1680. pour le Recouvrement des Droits de Franc-Fiefs & nouveaux Acquêts, en Flandre, Hainault & Artois; & cependant sursis au Recouvrement, 110

Du 12. Septembre 1684.

Arrest du Conseil, qui sera remis au Conseil, des Etats de la Recette faite pour les Droits de Franc-Fiefs & nouveaux Acquêts, 111

Du mois d'Octobre 1686.

Edit du Roy, concernant les Droits d'Amortissemens, d'indemnité & autres Droits dûs par les Gens de Main-morte, Ecclesiastiques & les Communautés du Languedoc, 112

Du 5. Juillet 1689.

Declaration du Roy, qui ordonne le payement des Droits d'Amortissemens & de nouveaux Acquêts dûs au Roy par les Ecclesiastiques

clesiastiques & autres Gens de Main-morte, depuis l'année 1641. & encore du Droit de nouvel Acquêt dû par les Communautés Laïques depuis l'année 1672. 119

Du 27. Aoust 1689.

Arrest du Conseil, qui commet Maître Jean fumée pour le Recouvrement des Droits d'Amortissement & nouveaux Acquêts, ordonnés être levés par la Declaration du Roy du cinquiéme Juillet 1689. 125

Du 10. Septembre 1689.

Arrest du Conseil, qui nomme des Commissaires pour le Recouvrement des Droits d'Amortissement & nouveaux Acquêts, en exécution de la Declaration de Sa Majesté, du 5. Juillet 1689. 127

Du 22. Novembre 1689.

Arrest du Conseil, qui ordonne que tous les Beneficiers & Communautés Ecclesiastiques non payans Decimes, & qui n'ont pas contribué au payement de la somme de Cinq millions cinq cens mille livres, portée par le Contrat de Mantes de 1641 seront tenus de donner des declarations, & de payer les Droits d'Amortissement de tous les biens qu'elles possedent depuis quelque temps que ce soit, non valablement amortis, & non compris dans les Amortissemens particuliers par elle obtenus, moyennant finance, 128

Du 31. Decembre 1689.

Arrest du Conseil, qui regle les declarations que les Ecclesiastiques & Gens de Main-morte, sont tenus de faire, suivant la Declaration du Roy du 5. Juillet dernier au sujet des Amortissemens, 132

Du 24. Janvier 1690.

Arrest du Conseil, portant Taxe pour les frais de poursuites & contraintes faites pour les Amortissemens & nouveaux Acquêts, 134

Du 21. Fevrier 1690.

Arrest du Conseil, portant décharge des Droits d'Amortissement pour les biens qui seront vendus par les Gens de Main-

morte pour le payement des Droits d'Amortiſſement de leurs autres biens, 136

Du 25. Fevrier 1690.

Arreſt du Conſeil, portant que le Chapitre de l'Egliſe de Toulouſe, ſera contraint au payement des Droits d'Amortiſſement, pour leſquels il eſt employé dans les contraintes, ſans s'arrêter à l'Ordonnance renduë par le Subdelegué de Toulouſe, 138

Du 14. Mars 1690.

Arreſt du Conſeil, qui ordonne que les Deux ſols pour livre des Droits d'Amortiſſement, ſeront payés par les Communautés, ſur les Quittances de Maître Jean Fumée, chargé du Recouvrement deſdits Droits, 140

Du 11. Avril 1690.

Arreſt du Conſeil, qui ordonne que les Monaſteres de l'Abbaye de Fontevrault, ſeront tenus de payer les Droits d'Amortiſſement, 141

Du 11. Avril 1690.

Arreſt du Conſeil, qui ordonne que les Communautés Seculieres & Regulieres de Bordeaux, payeront les Droits de nouveaux Acquêts, 143

Du 11. Avril 1690.

Arreſt du Conſeil, qui permet à Maître Jean Fumée de conſentir la déduction du huitiéme des Droits d'Amortiſſement & de nouvel Acquêt, des ſommes dûës par les Fabriques des Egliſes de la Campagne, lorſque les Droits n'excederont pas ſix cens livres, 145

Du 11. Avril 1690.

Arreſt du Conſeil, qui ordonne que les Rolles ſeront executés par proviſion pour la moitié des ſommes y contenuës, avant que les Communautés & Gens de Main-morte puiſſent être reçûs à preſenter leurs Requeſtes en oppoſition auſdits Rolles, 146

Du 11. Avril 1690.

Arreſt du Conſeil, qui ordonne que les Droits d'Amortiſſement ſeront payés ſuivant les prix portés aux Contrats, & à

défaut de Contrats suivant l'estimation, 148

Du 11. Avril 1690.

Arrest du Conseil, qui oblige les Administrateurs, Maires, Consuls, Prêtres & autres Gens de Main-morte, de fournir incessamment une declaration exacte des biens sujets aux Droits d'Amortissemens des Communautés, Colleges & autres, 149

Du 25. Avril 1690.

Arrest du Conseil, qui odonne que faute par les Gens de Mainmorte de payer les Droits d'Amortissement dans le temps porté par laDeclaration du 5. Juillet 1689. ils y seront contraints par vente de leurs Immeubles, 150

Du 6. May 1690.

Arrest du Conseil, qui condamne les Jacobins du Fauxbourg S. Germain, à payer les Droits d'Amortissement & de nouveaux Acquêts, des Maisons par eux nouvellement construites, à raison du denier vingt-deux, des loyers & revenus d'icelles, &c. 152

Du 6. May 1690.

Arrest du Conseil, qui condamne les Chantre, Chanoines & Chapitre Saint Honoré, à payer à Sa Majesté les Droits d'Amortissement & de nouveaux Acquêts des Maisons par eux construites depuis 1641. à raison du denier vingt-deux des loyers & revenus d'icelles, &c. 156

Du 11. Juillet 1690.

Arrest du Conseil, qui ordonne qu'en cas que les Rentes Foncieres ou constituées par Dons & Legs, pour lesquelles les Droits d'Amortissement auront été payés, soient rachetées aux Gens de Main-morte; les Heritages ou autres biens qu'ils pourront acquerir des deniers provenans dudit Rachat, seront & demeureront amortis sans nouvelle Finance, 161

Du 22. Aoust 1690.

Arrest du Conseil, qui ordonne que les Gens de Main-morte representeront & communiqueront les Titres justificatifs de la proprieté & possession des biens par eux declarés, pour en être

Louis XIV. 1690.

fait des Extraits, pour liquider les Droits d'Amortissement par eux dûs, 162

Du premier Septembre 1690.

Arrest de la Cour de Parlement, qui condamne des heritiers à acquitter les Chartreux d'Orleans, du Droit d'Amortissement par eux payé, pour des Dixmes qui leur avoient été leguées par Testament, 164

Du 14. Octobre 1690.

Arrest du Conseil, qui ordonne la forme des Quittances des Droits d'Amortissement & de nouvel Acquêt, & des Etats qui seront délivrés aux Communautés, & Gens de Main morte, 166

Du 7. Novembre 1690.

Arrest du Conseil, qui ordonne qu'il sera arrêté des Etats des frais faits pour le Recouvrement des Droits d'Amortissement & de nouvel Acquêt en chacune Province, 167

Du 28. Novembre 1690.

Arrest du Conseil, qui ordonne que les Gens de Main-morte payeront le total des Droits d'Amortissement & de nouvel Acquêt par eux dûs faute par eux d'avoir payé les sommes ausquelles ils ont été moderés, 168

Du 12. Decembre 1690.

Arrest du Conseil, qui ordonne la declaration & le payement des Droits d'Amortissement, pour les Rentes des Fabriques, constituées par Dons & Legs, 169

Du 6. Janvier 1691.

Arrest du Conseil, qui accorde un nouveau délai aux Gens de Main morte, pour donner leurs declarations, Ordonne qu'ils seront tenus de declarer les Rentes Foncieres, & celles constituées par Dons & Legs. Ordonne aussi des amendes personnelles contre les Marguilliers & autres semblables, & la confiscation & réünion au Domaine, des biens non declarés, 171

Du 23. Janvier 1691.

Arrest du Conseil, concernant les Droits de nouvel Acquêt & Usages dûs par les Communautés Laïques, pour leurs Usages, & les Presbyteres, 174

Du 23. Janvier 1691.

Arrest du Conseil, portant distraction du Droit d'Amortissement de la Ferme du Domaine de Roussillon, ordonne la payement dudit Droit sur le pied du Quatriéme, 178

Du 13. Fevrier 1691.

Arrest du Conseil, qui ordonne que les Communautés Ecclesiastiques & les Religieuses, & les Curés fourniront un Etat signé & certifié d'eux, des Prestimonies, Chapelles, Obits & Confrairies dont le Service se fait dans leur Eglise, 184

Du 21. Aoust 1691.

Arrest du Conseil, qui remet aux Curés & autres Ecclesiastiques Titulaires des Prestimonies, Obits & Chapelles le tiers des Droits d'Amortissement & de nouvel Acquêt par eux dûs; aux Fabriques & Confrairies des Paroisses des Villes, Fauxbourgs & Banlieuës d'icelles la cinquiéme partie; & aux Fabriques & Confrairies des Eglises Rurales le quart, 185

Du 13. Octobre 1691.

Arrest du Conseil, qui proroge le délai porté par l'Arrest du vingt uniéme Aoust 1691. concernant les Remises sur les Droits d'Amortissement, faites aux Curés & autres Ecclesiastiques Titulaires des Prestimonies, Obits, Chapelles & Altaristies, & aux Fabriques, 187

Du 20. Novembre 1691.

Arrest du Conseil, qui accorde un délai aux Communautés Ecclesiastiques & Religieuses, pour communiquer les Titres des biens par eux possedés, sujets aux Droits d'Amortissement, 189

Du 26. Fevrier 1692.

Arrest de Conseil, qui ordonne que les Communautés Eccle-

LOUIS XIV. 1692.

siastiques & Gens de Main-morte qui ont depuis la Declaration du 5. Juillet 1689. & en conformité de l'Arrest du 21. Septembre 1690. vendu, ou ont dessein de vendre partie de leurs heritages & autres biens sujets aux Droits d'Amortissement, en rapporteront les Contrats ensaisinés, & les feront homologuer & confirmer par Arrest du Conseil, 191

Du 26. Fevrier 1692.

Arrest du Conseil, qui fixe le temps pour le payement des Droits d'Amortissement, 192

Du 20. May 1692.

Arrest du Conseil, qui ordonne que dans un mois, les Communautés Ecclesiastiques, Religieuses, & Gens de Main-morte, payeront le surplus de ce qu'ils doivent, tant pour les Clôtures non-valablement amorties par Lettres Patentes anterieures à la Declaration du cinq Juillet 1689. que pour leurs autres biens sujets ausdits Droits; sinon, qu'ils seront déchûs de la Remise qui leur a été accordée. 194

Du mois d'Aoust 1692.

Edit du Roy, qui confirme à perpetuité tous les possesseurs de Terres & Heritages en Franc-Aleu, Franc-Bourgage, & Franche-Bourgeoisie, dans leur Franchise & Liberté. 196

Du mois d'Aoust 1692.

Edit du Roy, qui confirme les Roturiers possedans Fiefs & biens Nobles, & les Villes Franches du Royaume, dans l'affranchissement du Droit de Franc-Fief, 199

Du 16. Aoust 1692.

Arrest du Conseil, portant Reglement pour le Recouvrement des Droits de Franc Fiefs & de taxes ordonnées être payées pour la confirmation du Franc-Aleu, 203

Du 11. Octobre 1692.

Arrest du Conseil, qui ordonne entre autres choses, que les Gens de Main-morte qui ont obmis de declarer les biens qu'ils

possedent sujets aux Droits d'Amortissement & de nouveaux Acquêts, payeront une amende du triple desdits Droits ; & accorde aux Dénonciateurs la moitié de ladite amende, & la moitié de la Remise que Sa Majesté auroit accordée ausdits Gens de Mainmorte obmissionnaires, dont ils seront privés & déchûs. 207

Du 21. Octobre 1692.

Arrest du Conseil, qui nomme des Commissaires pour juger les contestations qui surviendront pour le Recouvrement des Droits des Franc-Fiefs & du Franc-Aleu, tant Noble que Roturier, 210

Du 11. Novembre 1692.

Arrest du Conseil, qui ordonne que tous les Greffiers, Notaires & autres Personnes publiques, seront tenus de délivrer des Extraits de tous les Actes, Titres & Papiers qu'ils auront entre les mains, concernant le Recouvrement des Droits de Franc-Fiefs, & des biens en Franc-Aleu, Noble ou Roturier, Franc-Bourgage & Franche-Bourgeoisie, en leur payant six sols de chaque Extrait, 211

Du 25. Novembre 1692.

Arrest du Conseil, qui juge que le Droit d'Amortissement des biens situés dans l'étenduë de l'appanage de Monsieur le Duc d'Orleans, est dû au Roy, & que Sa Majesté doit payer à S. A. R. l'interest de la somme qui auroit dû être payée pour l'indemnité, 214

Du 9. Decembre 1692.

Arrest du Conseil, qui ordonne que les fruits des Heritages sujets aux Droits d'Amortissement & de nouveaux Acquets qui ont été saisis, seront baillés & delivrés jusqu'à la concurrence desdits Droits, 217

Du 16. Janvier 1693.

Jugement des Commissaires des Franc-Fiefs, portant décharge du Droit de Franc-Fief, en faveur d'un Bourgeois de Paris, 219

Du 17. Fevrier 1693.

Arrest du Conseil, qui ordonne que les Droits de Franc-Fiefs

LOUIS XIV. 1693.

ou Franc-Aleu, seront payés par préference à toutes saisies faites sur les biens sujets ausdits Droits, 223

Du 17. Mars 1693.

Arrest du Conseil, qui ordonne que les Droits des Franc-Fiefs, qui ne monteront qu'à la somme de cent livres, seront payés moitié un mois après la premiere signification; & l'autre, trois mois après, 224

Du 28. Mars 1693.

Declaration du Roy, qui ordonne le payement du Droit de Franc-Fief dans le Comté de Bourgogne, aux exceptions y portées, 225

Du 31. Mars 1693.

Arrest du Conseil, qui ordonne que les Curés & autres Ecclesiastiques Titulaires des Prestimonies, Obits, Chapelles & Altaristies, fourniront dans un mois leurs Memoires & Griefs pour la décharge ou moderation du Droit d'Amortissement, faute de quoi ils seront contraints au payement des sommes portées aux Rolles; Et les Syndics des Dioceses tenus d'emprunter les sommes necessaires pour y parvenir, 227

Du 28. Avril 1693.

Arrest du Conseil, qui accorde un nouveau délai pour les declarations qui doivent être fournies pour les Droits de Franc-Fiefs; Regle les temps des payemens & des oppositions, 229

Du 5. May 1693.

Arrest du Conseil, qui accorde un nouveau délai aux Gens de Main-morte, pour donner leurs Memoires & Griefs pour la moderation ou décharge des Droits d'Amortissement; regle les payemens qu'ils doivent faire, & le temps des oppositions & serment, 232

Du 5. May 1693.

Arrest du Conseil, qui décharge les Habitans des Villes & Bourgs de la Province de Normandie, de fournir des declarations de leurs Maisons & heritages tenus en Franc-Aleu, Franc-Bourgage, & Franche-Bourgeoisie, en payant les sommes pour lesquelles chacune desdites Villes & Bourgs aura été comprise au

au Rolle arrêté au Conseil, & les deux sols pour livre desdites sommes, 235

Du 12. May 1693.

Arrest du Conseil, qui confirme les Habitans de la Ville de Roüen dans l'exemption du Droit de Franc-Fief, en payant la somme de trois cens mille livres, 237

Du 16. May 1693.

Declaration du Roy, qui declare la Province de Dauphiné n'être sujette à aucune recherche pour Droit de Franc Fief, & les Terres & Heritages tenuës en Franc-Aleu, en payant trois cens mille livres & les deux sols pour livre, 241

Du 2. Juin 1693.

Arrest du Conseil, portant Reglement pour la Taxe des frais qui seront payés pour le Recouvrement des Droits de Franc-Fief, Franc-Aleu, Franc-Bourgage, & Frache-Bourgeoisie du Royaume, 245

Du 20. Juin 1693.

Arrest du Conseil, qui décharge la Communauté de Saint Loüis à Saint Cyr, des Droits d'Amortissement pour les biens de la Manse Abbatiale de Saint Denis, unis à ladite Maison, 247

Du 28. Juillet 1693.

Arrest du Conseil, qui décharge les Habitans de la Ville de Compiegne, du Droit de Franc-Fief, en payant sept mille cinq cens livres, & les deux sols pour livre, 249

Du 12. Septembre 1693.

Arrest du Conseil, qui ordonne que les Greffiers des Officialités des Chambres Ecclesiastiques & des Insinuations, les Receveurs des Décimes, & tous autres qu'il appartiendra, seront tenus de representer à la premiere requisition tous les Registres & Actes qui sont en leur possession, qui peuvent servir au Recouvrement des Droits d'Amortissement, 251

Du 15. Septembre 1693.

Arrest du Conseil, qui confirme les Habitans de la Ville de

Louis XIV. 1693.

Poitiers dans l'Exemption des Droits de Franc-Fiefs, en payant quarante-cinq mille livres, & les deux sols pour livre, 253

Du 22. Septembre 1693.

Arrest du Conseil, qui décharge du Droit de Franc-Fief les Particuliers qui rapporteront les Quittances d'affranchissement dudit Droit, en execution de la Declaration du mois de Mars 1672. dans lesquelles les noms des Fiefs & autres biens Nobles ne sont pas exprimés en détail, en payant la moitié des sommes contenuës ausdites Quittances, & les deux sols pour livre, 255

Du 22. Septembre 1693.

Arrest du Conseil, qui ordonne que les Recepissés de Vialet, ses Procureurs & Commis, concernant les Droits de Franc-Fiefs, & affranchissement d'iceux, vaudront Quittances desdits Droits de Franc-Fiefs, pour ceux au profit desquels ils ont été expediés, en payant par eux une demie année du Revenu des Fiefs par eux possedés, 257

Du 13. Octobre 1693.

Arrest du Conseil, qui décharge les Habitans du Comté de Bourgogne, de donner des declarations pour le Franc-Fief & le Franc-Aleu, en payant deux cens mille livres, & les deux sols pour livre, 259

Du 10. Novembre 1693.

Arrest du Conseil, qui ordonne que les Communautés Ecclesiastiques & autres Gens de Main-morte qui formeront opposition à l'execution des Rolles de Moderation, à la liquidation desquels ils auroient acquiescé par écrit, seront déchûs de la remise portée par lesdits Rolles, 261

Du 10. Novembre 1693.

Arrest du Conseil, qui ordonne que faute par les Communautés Religieuses, & autres Gens de Main-morte, de payer dans le premier Janvier 1694. les sommes ausquelles elles ont été moderées, elles demeureront déchûës des Remises & Moderations qui leur ont été accordées, 263

Du 17. Novembre 1693.

Arrest du Conseil, qui décharge la Generalité de Lyon de la recherche du Droit de Franc-Aleu, ensemble les Bourgeois de Lyon du payement du Droit de Franc-Fief jusqu'à cinquante livres de Revenu, & les Habitans du Beaujollois de toute recherche de Franc-Fief, en payant la somme de trois cens mille

livres, & trente mille livres pour les deux sols pour livre. 265

Du premier Decembre 1693.

Arrest du Conseil, portant décharge des Droits de Ban, arriere Ban, & Franc-Fief, en faveur des Habitans de la Ville d'Angers, en payant deux cens cinquante mille livres, 269

Du 15. Decembre 1693.

Arrest du Conseil, qui ordonne que les Communautés Religieuses Hospitalieres de l'un & de l'autre sexe, donneront des declarations des biens immeubles qu'elles ont acquis en leur nom, depuis le premier Janvier 1600. y compris & dont elles joüissent separément de la Manse des Pauvres; ensemble de leurs Rentes constituées par Dons & Legs, desquels biens & Rentes elles payeront l'Amortissement, 273

Du 16. Janvier 1694.

Ordonnance des Commissaires Generaux, portant décharge en faveur d'un Bourgeois de Paris, du Droit de Franc Fief, pour un Fief en Touraine, 275

Du 9. Fevrier 1694.

Arrest du Conseil, qui subroge la Province de Languedoc au Recouvrement des Taxes des Franc-Fiefs & de Franc-Bourgages dans les Villes franches. 279

Du 16. Fevrier 1694.

Declaration du Roy, concernant le Recouvrement des Droits d'Amortissement dans le Comté de Bourgogne, 281

Du 6. Mars 1694.

Arrest du Conseil, qui maintient les Bourgeois & Habitans de la Ville, Fauxbourgs & Franchise d'Orleans, dans l'Exemption du Droit de Franc-Fief dans l'étenduë de la Generalité d'Orleans, 288

Du 19. Mars 1694.

Arrest du Conseil, qui décharge les Porte-Manteaux ordinaires de Sa Majesté, du Droit de Franc Fief, 291

Du 23 Mars 1694.

Arrest du Conseil, qui décharge les Commis des Fermes du Roy qui sont étrangers, qui n'ont aucuns biens, & ne font aucun Commerce dans les Villes, du payement des Impositions

LOUIS XIV. 1694.

faites par lesdites Villes, pour la décharge du Droit de Franc-Fiefs, & autres Droits, 292

Du 23. Mars 1694.

Arrest du Conseil, qui ordonne que sans s'arrêter au Jugement des Sieurs Commissaires, Pierre Buisson, Marchand Epicier de la Ville de Paris, fournira sa declaration des Maisons, Heritages, & autres qu'il possede en Franc-Aleu, hors l'étenduë de ladite Ville & Fauxbourgs, 294

Du 3. Avril 1694.

Arrest du Conseil, qui ordonne que faute par les Villes de payer les sommes pour lesquelles elles ont fait des Abonnemens pour le Droit Franc-Fief, les Rolles arrêtés au Conseil seront executés, 295

Du 8. May 1694.

Ordonnance des Commissaires, qui décharge un Bourgeois de Paris, du Droit de Franc-Fief, pour un Fief dans la Generalité d'Orleans, 296

Du 15. Juin 1694.

Arrest du Conseil, en faveur des Secretaires du Roy, portant confirmation de l'Exemption des Taxes, pour raison des Franc-Fiefs, Franc-Aleu, don gratuit, affranchissement des Droits Seigneuriaux & autres, 299

Du 22. Juin 1694.

Arrest du Conseil, qui ordonne que tous Roturiers qui possedent, ou ont ci-devant possedé des Fiefs ou biens Nobles à Titre de proprieté ou d'usufruit, en donneront leur declaration, & en rapporteront les Titres justificatifs, 302

Du 22. Juin 1694.

Arrest du Conseil, qui décharge les Employés, des sommes pour lesquelles ils ont été employés dans les Rolles de Repartition des sommes que les Villes doivent payer par abonnement, pour la décharge du Franc Fief, 303

Du 22. Juin 1694.

Arrest du Conseil, qui décharge les Officiers Gardes de la

Porte de Sa Majesté des Droits de Franc-Fiefs, 305

Louis XIV. 1694.

Du 6. Juillet 1694.

Arrest du Conseil, qui ordonne que les Habitans des Villes & Bourgs de la Province de Normandie, seront tenus de former leurs oppositions dans un mois, & de faire juger celles faites & à faire dans six semaines, concernant le Franc-Aleu, Franc-Bourgage & Franche-Bourgeoisie, 307

Du 14. Juillet 1694.

Ordonnance des Commissaires, qui condamne les Chartreux du Val-Dieu, au payement de leur cotte-part, de la repartition pour le Franc-Aleu & le Franc-Bourgage dans les Elections de Mortagne & de Verneüil, 309

Du 14. Juillet 1694.

Ordonnance des Commissaires, qui condamne les Augustins de la Ville de Barfleur, au payement de leur cotte-part des Taxes pour le Franc Aleu & le Franc-Bourgage, 313

Du 14. Juillet 1694.

Ordonnance des Commissaires, qui condamne les Benedictins de l'Abbaye de Jumieges, au payement de leur cotte part des Taxes pour le Franc-Aleu & Franc-Bourgage, 315

Du 26. Juillet 1694.

Arrest du Conseil, qui décharge les Moulins à Papier du Droit de Franc-Fief, 316

Du 10. Aoust 1694.

Arrest du Conseil, qui décharge les Gentils-hommes servans près du Roy, des Droits de Franc-Fiefs, 321

Du 31. Aoust 1694.

Arrest du Conseil, qui ordonne que les Bourgeois de Paris seront tenus de payer le Droit de Franc-Fief, sans avoir égard aux Jugemens de décharge rendus par les Commissaires, 322

Du 14. Septembre 1694.

Arrest du Conseil, qui décharge les Religieuses de l'Ordre de

Louis XIV. 1694.

la Visitation de Sainte Marie, du payement des Taxes pour le Franc-Fief & autres Droits, 323

Du 9. Novembre 1694.

Arrest du Conseil, qui fixe le temps pour fournir les declarations des Biens & Droits sujets au Droit de Franc-Fief, 325

Du 9. Novembre 1694.

Arrest du Conseil, portant qu'il sera expedié au profit des Consuls, Syndics & Habitans des Communautés des Villes, Bourgs & Paroisses des Elections des Generalités qui ont offert de payer les Taxes ordonnées par l'Edit du mois d'Aoust 1692. pour être déchargés de la recherche du Franc-Aleu, une Quittance de la somme principale à laquelle se trouveront monter celles pour lesquelles lesdites Villes, Bourgs & Paroisses ont été employées dans les Rolles arrêtés au Conseil, 328

Du 28. Avril 1695.

Arrest du Conseil, concernant les oppositions aux Rolles arrêtés au Conseil pour le Recouvrement des Droits de Franc-Fiefs, 329

Du 6. Septembre 1695.

Arrest du Conseil, qui ordonne que les Roturiers qui sont devenus Proprietaires de Fiefs & biens Nobles par acquisition, succession, donation ou autrement, depuis la Declaration du mois de Mars 1672. seront tenus de payer le Droit de Franc-Fief, 331

Du 15. Octobre 1695.

Arrest du Conseil, qui permet aux Villes, Bourgs & Communautés du Royaume, d'acquerir des Domaines du Roy, & de racheter les Rentes qu'elles peuvent devoir, sans payer aucuns Droits d'Amortisse ment ni d'indemnité, 332

Du 15. Octobre 1695.

Arrest du Conseil, qui reduit & modere le Droit des Quittances qui seront expediées par le Garde du Tresor Royal pour les Franc-Fiefs, 333

Du 18. Octobre 1695.

Arrest du Conseil, qui ordonne que par les Commissaires départis dans les Provinces, il sera arrêté des Etats de la Recette des Commis chargés du Recouvrement des Franc-Fiefs, 334

Du 22. Novembre 1695.

Declaration du Roy pour le Recouvrement des Droits de Franc Fiefs & Amortissemens en Flandres, Haynault & Artois, 335

Du 29. Novembre 1695.

Arrest du Conseil, qui ordonne qu'il sera fourni des declarations pour le Recouvrement des Droits de Franc-Fiefs & Droits d'Amortissement dans toutes les Villes du Comté de Flandres, 342

Du 13. Decembre 1695.

Arrest du Conseil, portant décharge des Franc-Fiefs en faveur des Gentils-hommes de la Grande Venerie du Roy, 345

Du 7. Fevrier 1696.

Arrest du Conseil, qui décharge l'Hôtel-Dieu & l'Hôpital des Incurables de la Ville de Paris, du payement des Taxes pour raison du Franc-Aleu, 347

Du 4. Septembre 1696.

Arrest du Conseil, qui ordonne que les Gens de Main-morte retireront les Quittances de Finance des Doits d'Amortissement & de nouvel Acquêt par eux payés, 349

Du 27. Octobre 1696.

Arrest du Conseil, qui décharge des Droits d'Amortissemens, les Heritages & Rentes appartenans aux Gens de Main-morte, qui auront été acquis des deniers provenans du Remboursement des Rentes heritieres, dont ils ont payé les Droits, 350

Du 13. Novembre 1696.

Arrest du Conseil, qui décharge les Valets de Chambre du Roy, des Droits de Franc-Fiefs, 352

LOUIS XIV. *1696.*

Du 26. Novembre 1696.

Arrest du Conseil, qui ordonne que les Traitans des Franc-Fiefs remettront des Etats de leur Recette, 353

Du 11. Decembre 1696.

Arrest du Conseil, qui regle les frais & le Droit de Controlle des Exploits, pour le Recouvrement des Droits de Franc-Fiefs & d'Amortissement, 354

Du 15. Janvier 1697.

Arrest du Conseil, qui ordonne l'execution des Rolles d'Amortissement, & qu'il ne sera plus reçû d'oppositions, 356

Du 18. Fevrier 1697.

Arrest du Conseil, qui maintient les Valets de la Garderobbe du Roy, en la qualité d'Ecuyer, 357

Du 30. Avril 1697.

Arrest du Conseil, qui décharge un Maître des Comptes, du Droit de Franc-Fief, 359

Du 23. Juillet 1697.

Arrest du Conseil, qui ordonne que les Redevables du Droit de Franc-Fief, & de la confirmation du Franc-Aleu, qui auront acquiescé à une juste Liquidation, soit par écrit ou par un payement volontaire, ne pourront plus être reçûs à s'opposer, 361

Du 8. Octobre 1697.

Arrest du Conseil, qui ordonne que les Communautés de Flandre, Haynault & Artois, donneront des declarations des Communes dont ils joüissent, 363

Du 29. Decembre 1699.

Arrest du Conseil, qui fait défenses de faire aucunes poursuites pour les Droits de Franc Fiefs; ordonne que les Traitans & Sous-Traitans compteront de ce qu'ils ont reçû, 365

Du 9 Mars 1700.

Declaration du Roy pour le Recouvrement des Droits d'Amortissement,

mortiſſement, de nouvel Acquêt, & de Franc-Fief, 366

Du 16. *Mars* 1700.

Arreſt du Conſeil, qui ordonne l'execution de la Declaration du 9. Mars 1700 pour le Recouvrement des Droits d'Amortiſſemens, Franc-Fiefs & nouveaux Acquêts, 378

Du 16. *Mars* 1700.

Arreſt du Conſeil, qui ordonne que Maître Eſtienne Chapelet joüira pendant quatre années, à commencer du premier Janvier 1700 des Droits d'Amortiſſemens, Franc-Fiefs & nouveaux Acquêts, 381

Du 20. *Avril* 1700.

Arreſt du Conſeil, qui ordonne la repartition de ce qui doit être payé pour les Uſages dans la Flandre, 382

Du 11. *May* 1700.

Arreſt du Conſeil, qui décharge les Traitans & Sous-Traitans du Droit de Franc-Fief, du rapport de partie de leurs remiſes, 383

Du 25. *May* 1700.

Arreſt du Conſeil, portant que les anciens Traitans des Droits d'Amortiſſement, Franc-Fief, & de nouvel Acquêt, ſeront tenus de donner un Etat des ſommes par eux reçûës, 385

Du 21. *Septembre* 1700.

Arreſt du Conſeil, portant que les Gens de Main-morte de Flandre, Haynault, & Artois, qui ont vendu de leurs biens non amortis, pour payer le Droit d'Amortiſſement & de nouvel Acquêt, ſeront tenus de rapporter leurs Contrats de vente enſaiſinés, pour être confirmés par Arreſt, 387

Du 9. *Octobre* 1700.

Arreſt du Conſeil, qui ordonne que les Religieux Mandians, Curés, Chapelains, & autres Titulaires des petits Benefices, les Fabriques & Confrairies qui n'auront pas payé les Droits d'Amortiſſement & nouvel Acquêt dont ils ſont redevables, ſur le pied de la moderation portée par l'Arreſt du 15. Janvier 1697,

LOUIS XIV. 1700.

Louis XIV. 1700.

seront tenus d'y satisfaire dans trois mois, sinon contraints au payement du Droit entier, 388

Du 2. Novembre 1700.

Arrest du Conseil, qui décharge les Extraits des Contrats & autres actes fournis par les Notaires, pour la recherche des Droits d'Amortissement & de Franc-Fief, du payement des Droits de Controlle des Actes de Notaires & du petit Scel. 389

Du mois de Mars 1701.

Lettres Patentes, portant Amortissement general en faveur des Gens de Main-morte, qui ont payé le Droit d'Amortissement, 391

Du 19. Avril 1701.

Arrest du Conseil, qui ordonne que les Gens de Main-morte donneront des declarations des biens dont ils joüissent, sujets aux Droits d'Amortissement & de nouvel Acquêt, 394

Du 3. May 1701.

Arrest du Conseil, qui décharge les Filles de la Communauté de l'Enfant-Jesus, établies à Reims, du payement du Droit d'Amortissement, 395

Du 28. Juin 1701.

Arrest du Conseil, qui décharge les rentes constituées au profit des Gens de Main-morte, du Droit d'Amortissement, 396

Du 19. Juillet 1701.

Declaration du Roy, portant que les Gens de Main-morte seront tenus de payer les redevances des biens dont ils ont payé l'Amortissement, à moins qu'ils ne justifient du rachat desdites redevances, 398

Du 9. Aoust 1701.

Arrest du Conseil, qui ordonne que les Notaires & Tabellions du Royaume, qui n'ont pas encore délivré des Extraits en bonne forme, des Contrats d'Acquisitions, Donations, Fondations, & autres actes passés au profit des Gens de Main-morte; ensemble de tous les Contrats d'Acquisition faits par les Roturiers de

Fiefs & autres biens Nobles, seront tenus d'y satisfaire, 399

Du 16. Aoust 1701.

Arrest du Conseil, qui décharge une Fabrique du Droit d'Amortissement, pour une Rente qui lui appartient avant l'année 1641. 401

Du 29. Octobre 1701.

Arrest du Conseil, qui regle la forme & maniere de l'expedition des Rolles des Amortissemens, Franc-Fiefs & nouveaux Acquêts, & des Procedures à faire en execution, tant des Declarations & Arrests que des Rolles, 403

Du 12. Novembre 1701.

Arrest du Conseil, qui regle les frais pour le Recouvrement des Droits d'Amortissemens, Franc-Fiefs & nouveaux Acquêts, 405

Du 14 Janvier 1702.

Arrest du Conseil, qui décharge du Droit de Franc-Fief les Huissiers de la Chambre, Huissiers du Cabinet, & Valets de Chambre de Madame la Duchesse de Bourgogne. 408

Du 21. Fevrier 1702.

Arrest du Conseil, qui décharge les Huissiers de la Chambre du Roy du Droit de Franc Fief, 409

Du 21. Mars 1702.

Arrest du Conseil, qui ordonne que les Habitans de Montargis seront tenus de payer le Droit de Franc-Fief, pour les Fiefs & biens Nobles par eux acquis à quelque Titre que ce soit, depuis l'Edit du mois d'Aoust 1692. 410

Du 29. Mars 1702.

Arrest du Conseil, qui ordonne qu'il sera expedié une Quittance de la somme payée à la décharge des Communautés Laïques du Département du Haynault, pour leurs Usages, 412

Du 16. Juillet 1702.

Declaration du Roy, qui regle la maniere de lever les Droits de Franc-Fiefs & d'Amortissemens, 413

Louis XIV. 1702.

Du premier Aoust 1702.

Arrest du Conseil concernant l'Enregistrement qui doit être fait par les Receveurs du Domaine, des Contrats, & tous autres actes translatifs de proprieté pour les Amortissemens & Franc-Fiefs, &c. 418

Du 12. Septembre 1702.

Arrest du Conseil, portant que les Sous-Traitans des Droits d'Amortissemens, Franc-Fiefs & nouveaux Acquêts, payeront incessamment à M. Estienne Chaplet, ce qu'ils doivent de reste de leurs Sous-Traités; Qu'ils fourniront dans quinzaine du jour de la signification dudit Arrest, à Messieurs les Intendans, des Etats certifiés de la Recette desdits Droits. Et qui permet audit Chaplet d'établir des Controlleurs à la Recette d'iceux, pour en prévenir le divertissement, 420

Du 19. Septembre 1702.

Arrest du Conseil, qui décharge le Sieur de la Coste, Lieutenant de la Prevôté de l'Hôtel, du Droit de Franc-Fief, en consideration de ses services, 423

Du 23. Septembre 1702.

Arrest du Conseil, qui permet aux Villes, Bourgs & Communautés du Royaume, d'acquerir les Hautes Justices & Domaines, même de racheter les Rentes qu'elles peuvent devoir à Sa Majesté, sans payer aucuns Droits d'Amortissement ni d'Indemnité, 424

Du 3. Octobre 1702.

Arrest du Conseil, portant décharge des Franc-Fiefs en faveur des Fouriers de Madame la Duchesse de Bourgogne, 425

Du 30. Janvier 1703.

Arrest du Conseil, qui ordonne qu'il sera expedié par le Garde du Tresor Royal, des Quittances de toutes les sommes reçûës pour Droits de Franc-Fiefs, en execution de l'Edit du mois d'Aoust 1692. 426

Du 13. Mars 1703.

Arrest du Conseil, qui ordonne que les sommes imposées pour

les Droits d'Usages & nouveaux Acquêts des Communautés dans les Generalités de Châlons, Metz, Roüen, Caën, Allençon, Comté de Bourgogne, & autres, seront payées par les Receveurs des Tailles, 427

Du 3. Juillet 1703.

Lettres Patentes en faveur des Receveurs des Domaines, pour l'Enregistrement des Contrats d'Acquisitions faites par les Gens de Main-morte, & par les Roturiers pour les biens Nobles, 429

Du 20. Novembre 1703.

Arrest du Conseil, qui ordonne qu'il sera expedié par le Garde du Tresor Royal, des Quittances des sommes reçûës pour Droits de Franc-Fief, d'Amortissement ou de nouvel Acquêt, en execution de la Declaration du 22. Novembre 1695. 432

Du 29. Janvier 1704.

Arrest du Conseil, portant décharge du Droit de Franc-Fief, des Moulins à fouler des Draps, 433

Du 29. Janvier 1704.

Arrest du Conseil, portant Abonnement des Franc-Fiefs & Usages de Lyon, 434

Du 29. Avril 1704.

Arrest du Conseil, portant décharge des Droits de Franc-Fiefs, en faveur des Maîtres d'Hôtel de S. A. R. Monsieur le Duc d'Orleans, 436

Du premier Juillet 1704.

Arrest du Conseil, qui reduit & modere les Droits dûs aux Commissaires des Saisies mobiliaires, pour les Saisies qui seront faites pour le Recouvrement des Droits d'Amortissemens & de Franc-Fief, 437

Du 4. Octobre 1704.

Declaration du Roy, portant que les Rentes constituées à prix d'argent & par Dons & Legs au profit des Ecclesiastiques, Beneficiers, & generalement de tous Gens de Main morte, seront sujettes aux Droits d'Amortissemens; dispense lesdits Gens de Main morte de prendre des Lettres d'Amortissemens, 439

Louis XIV. 1704.

Du 21. *Octobre* 1704.

Arrest du Conseil, qui commet Maître Estienne Chaplet pour l'execution de la Declaration du 4. Octobre 1704. & regle les Droits de Controlle des Exploits, 446

Du 24. *Janvier* 1705.

Arrest du Conseil qui ordonne que les Gens de Main-morte employeront dans leurs declarations les Rentes constituées à leur profit à prix d'argent sous des noms empruntés, à peine, en cas d'obmission, de confiscation du principal desdites Rentes, & qu'ils seront tenus d'y comprendre aussi les Rentes, dont ils ont été rembourſés depuis la Declaration du 4. Octobre 1704. 448

Du 24. *Janvier* 1705.

Arrest du Conseil, qui ordonne, que faute par les Gens de Main morte & les Roturiers possedans Fiefs, d'avoir fait juger dans les deux mois les oppositions par eux formées aux Rolles dans lesquels ils sont employés pour les Droits d'Amortissemens, Franc Fiefs & nouveaux Acquêts, dont le Recouvrement a été ordonné par la Declaration du 9. Mars 1700. elles demeureront nulles, &c. 449

Du 10. *Fevrier* 1705.

Arrest du Conseil, qui ordonne à tous les Notaires Tabellions & Greffiers, de délivrer les Extraits des Contracts de Rentes constituées à prix d'argent depuis le premier Janvier 1600. & de ceux passés pour Acquisitions, Donations, Fondations, & autres au profit des Gens de Main morte, depuis le premier Janvier 1702. jusqu'au 4. Octobre 1704 le tout à peine d'interdiction, & de trois cens livres d'amende, & encore de cent livres d'amende pour chaque Extrait qu'ils auront recelé, 451

Du 10. *Fevrier* 1705.

Arrest du Conseil, qui ordonne que les Droits d'Amortissemens de la Maison où est actuellement établi l'Hôpital de la Ville de Dunkerque, seront payés. 453

Du 3. *Mars* 1705.

Arrest du Conseil, qui décharge les Prieur & Religieux de

l'Ordre de Saint Jean de Jerusalem à Paris, des Droits d'Amortissement pour plusieurs Maisons nouvellement reconstruites ou rétablies, dans lesquelles ils sont rentrés, 454

Du 7. Avril 1705.

Arrest du Conseil, qui ordonne que les Saisies faites pour raison des Droits d'Amortissement & de nouvel Acquêt, en execution de la Declaration du 4. Octobre 1704. seront poursuivies dans les Jurisdictions ordinaires où elles auront été portées, sans qu'elles en puissent être évoquées sous quelque prétexte que ce soit; que les Locataires, Fermiers & Débiteurs des Gens de Main-morte, seront tenus d'affirmer les sommes dont ils sont redevables, & de les payer au Préposé par préference à tous Créanciers, sans qu'il soit necessaire de le faire ordonner avec les Gens de Main-morte, 456

Du 16. Juin 1705.

Declaration du Roy, qui amortit en faveur du Clergé tous les Heritages, Fonds de Terre, Rentes foncieres ou constituées, dont les Droits d'Amortissement & de nouvel Acquêt, ont été payés en execution de la Declaration du 9. Mars 1700. 458

Du 11. Aoust 1705.

Arrest du Conseil, qui ordonne que le Droit d'Amortissement sera payé dans la Province de Roussillon, sur le pied du quart de la valeur des biens, en outre, les deux sols pour livre pour le Droit du Sceau, 460

Du 18. Aoust 1705.

Declaration du Roy, qui décharge des Droits d'Amortissement, les Rentes constituées à prix d'argent par le Clergé, au profit des Gens de Main-morte, 462

Du mois d'Aoust 1705.

Edit du Roy, portant Révocation des Privileges & Exemptions accordés par l'établissement des Offices de Judicature, Police & de Finance, créés depuis le premier Janvier 1689. jusqu'à present, 463

Du 26. Decembre 1705.

Declaration du Roy, portant Reglement pour la perception

du Droit de Franc-Fief dans le Comté de Bourgogne, 469

Louis XIV. 1706.

Du 2. Mars 1706.

Arrest du Conseil, qui ordonne que Maître Estienne Chaplet sera tenu dans quinzaine, de compter au Conseil, du Recouvrement par lui fait des Droits d'Amortissement & de nouvel Acquêt, en execution de la Declaration du 4. Octobre 1704. ensemble de la finance qui en a dû être payée par les Gens de Mainmorte, pour être dispensés d'obtenir des Lettres d'Amortissement, & de les faire enregistrer, 472

Du 9. Mars 1706.

Declaration du Roy, portant moderation des Droits d'Amortissement pour les Rentes constituées à prix d'argent au profit des Gens de Main-morte, à deux années du Revenu desdites Rentes, 473

Du 9. Mars 1706.

Arrest du Conseil, qui décharge les Carmes déchaussés du Desert, établis près Louviers, du payement des Droits d'Amortissement, pour deux Fondations faites, l'une en l'année 1705. pour trois Places de Religieux, & l'autre en l'année 1706. pour six Places desdits Religieux, 477

Du 25. May 1706.

Arrest du Conseil, qui ordonne que les Gens de Main-morte, domiciliés dans les Lieux où les Rentes sont réputées Meubles, seront tenus de fournir à Maître Martin Aubert subrogé à Maître Estienne Chaplet, pour l'execution de la Declaration du 4. Octobre 1704. leur declaration de celles qui leur appartiennent, dont les Contrats de Constitutions auront été passés dans le Ressort d'une Jurisdiction où elles sont declarées, ou réputées Immeubles; Et d'en payer l'Amortissement sur le pied fixé par la Declaration du 9. Mars 1706. 478

Du 22. Juin 1706.

Arrest du Conseil, qui odonne, que faute par les Gens de Mainmorte, d'avoir fourni leur declaration des Rentes constituées à leur profit, à prix d'argent, dans les termes portés par la Declaration du 9. Mars 1706. les Rolles arrêtés au Conseil, en execution

cution de celle du 4. Octobre 1704. seront executés, à raison du sixiéme du principal desdites Rentes, 479

Du mois Septembre 1706.

Edit du Roy, en explication de celui du mois d'Aoust 1705. portant révocation des Privileges & Exemptions accordés à plusieurs Officiers, 481

Du 25. Janvier 1707.

Arrest du Conseil, qui ordonne que le Recouvrement des Droits d'Amortissemens en la Province de Roussillon, sera fait par les Receveurs Generaux des Domaines de la Generalité de Montpellier, 489

Du 5. Avril 1707.

Arrest du Conseil, portant décharge du Droit d'Amortissement, en faveur du Seminaire des Missions Etrangeres à Paris, pour raison du Remplacement en fonds d'Heritages des Rentes qui leur ont été remboursées, à la charge de faire mention dans les Contrats d'acquisition, dudit remplacement, 491

Du 10. May 1707.

Arrest du Conseil, qui ordonne le payement du Droit d'Amortissement, pour les fonds acquis pour les Cazernes de la Ville de Valenciennes, 492

Du 6. Decembre 1707.

Arrest du Conseil, qui ordonne que les Gens de Main-morte & les Roturiers de la Ville de Cambray & Cambresis, seront tenus de fournir des declarations des biens sujets aux Droits d'Amortissemens & Franc-Fiefs, dans les Provinces de Flandre, Haynault, la Ville de Tournay, le Tournesis, les Chastellenies de Lille, Doüay & Orchies, & le Païs de Lalœu, 493

Du mois de May 1708.

Edit du Roy qui ordonne le Recouvrement des Droits d'Amortissemens, Franc-Fiefs, & nouveaux Acquêts, échûs au premier May 1708. & regle la perception de ces Droits à l'avenir. Creation d'Offices de Receveurs & Controlleurs Generaux anciens alternatifs & triennaux desdits Droits, en chacune Province & Generalité du Royaume. Et attribution aux Officiers des

Louis XIV. 1708.

Bureaux des Finances, du quart des Droits dont ils feront la liquidation ; & de la connoissance des contestations qui pourront survenir au sujet du Recouvrement desdits Droits, 495

Du 22. May 1708.

Arrest du Conseil, qui commet Loüis le Lievre pour l'execution de l'Edit du mois de May 1708. 503

Du 29. May 1708.

Arrest du Conseil, qui ordonne que les Gens de Main-morte qui n'ont point fait mention en détail dans les declarations qu'ils ont fourni à Maître Martin Aubert, des Rentes constituées à leur profit à prix d'argent, ni marqué les noms & le domicile de ceux qui en sont debiteurs ; Ensemble les termes dans lesquels elles doivent être payées, seront tenus d'y satisfaire dans huitaine aprés la signification du present Arrest, &c. 504

Du 28. Juillet 1708.

Declaration du Roy, portant que le Recouvrement des Droits d'Amortissement, Franc Fief & nouvel Acquêt, sera fait en vertu des Rolles qui seront arrêtés au Conseil, 506

Du 9. Octobre 1708.

Arrest du Conseil, qui condamne les Religieux de Saint Achoeül, près Amiens, au payement du Droit d'Amortissement d'un fonds dans lequel ils sont rentrés, 508

Du 23. Octobre 1708.

Declaration du Roy, qui ordonne que pendant le cours du Bail fait à Maître Claude Lheritier, les Receveurs Generaux des Droits d'Amortissement, Franc-Fief & de nouvel Acquêt, créés par Edit du mois de May 1708. ou ceux qui en attendant la Vente, seront commis à l'exercice desdits Offices, seront tenus de remettre audit Lheritier le produit de la moitié qui doit revenir desdits Droits à Sa Majesté, 509

Du 12. Mars 1709.

Arrest du Conseil, portant Reglement pour les frais des poursuites à faire pour le Recouvrement des Droits d'Amortissemens,

Franc-Fiefs & nouveaux Acquets, ordonnés être payés par Edit du mois de May 1708. 511

Du mois de Novembre 1709.

Edit du Roy, portant que la Liquidation des Droits de Franc-Fief, d'Amortissement & de nouvel Acquêt, échûs depuis le premier May 1708. & qui écheront à l'avenir, sera faite dans la Province de Bretagne, par les Officiers de la Chambre des Comptes de Nantes. Création de Six Conseillers-Maîtres, par augmentation en ladite Chambre des Comptes. Et d'un Commissaire Abienneur General aux Saisies Feodales & Confections des Papiers Terriers & Declarations dans ladite Province, 513

Du 10. *Decembre* 1709.

Arrest du Conseil, qui condamne les Chartreux de Paris, au payement du Droit d'Amortissement d'une Maison qu'ils ont fait bâtir & qu'ils ont donné à vie, 519

Du 31. *Decembre* 1709.

Declaration du Roy, portant Reglement pour le Recouvrement des Droits d'Amortissement, Franc-Fief & nouvel Acquêt, ordonnés être payés par Edit du mois de May 1708. 521

Du 25. *Fevrier* 1710.

Arrest du Conseil, portant exemption des Droits d'Amortissement pour les Fondations ou Legs qui ont été ou pourront être faits, tant pour fournir le boüillon & autres necessités des Pauvres Malades des Paroisses, que pour les Ecoles de Charité, 524

Du 18. *Mars* 1710

Arrest du Conseil, qui ordonne le payement des deux sols pour livre des Droits d'Amortissement attribués aux Receveurs & Controlleurs Generaux des Domaines, 526

Du 5. *Aoust* 1710.

Arrest du Conseil, qui ordonne que les Sous Traitans des Droits d'Amortissemens, Franc-Fiefs & nouveaux Acquêts, en execution de la Declaration du 9. Mars 1700. seront tenus d'en compter, 528

LOUIS XIV. 1710.

Du 5. Aoust 1710.

Arrest du Conseil, qui ordonne le payement du Droit d'Amortissement d'une Justice & Droits alienés en 1690. dans laquelle l'Abbé de Morigny est rentré, en vertu de la Declaration du 4. Octobre 1704. 529

Du mois de Septembre 1710.

Edit du Roy, portant Suppression des Offices de Receveurs & Controlleurs Generaux des Droits d'Amortissemens & Franc-Fiefs créés par Edit du mois de May 1708. Revocation du quart desdits Droits attribué aux Bureaux des Finances; & du Bail fait à Claude Lheritier. Ordonne qu'il sera fait un Bail de la totalité desdits Droits, à commencer du premier May 1708. 531

Du 4. Novembre 1710.

Arrest du Conseil, qui ordonne que les oppositions formées aux contraintes décernées par le Fermier des Droits d'Amortissement, Franc-Fief & de nouvel Acquêt, seront jugées sommairement & sans frais par les Sieurs Intendans & Commissaires Départis dans les Provinces & Generalités du Royaume, sauf l'appel au Conseil, &c. 537

Du 9. Decembre 1710.

Arrest du Conseil, portant Abonnement du Droit de Franc-Fief dû pour les Terres hommagées, ou Fiefs Boursaux dans la Province du Perche, à quarante mille livres pour vingt années, 538

Du 13. Janvier 1711.

Arrest du Conseil, qui ordonne que les Droits d'Usages imposés en execution de l'Edit du mois de May 1708. seront payés à Loüis le Lievre, 541

Du 14. Avril 1711.

Arrest du Conseil, qui ordonne l'execution de l'adjudication faite à Joseph Sadet, de la Ferme des Droits d'Amortissemens, Franc-Fiefs & nouveaux Acquêts pendant neuf années, à compter du premier May 1708. jusqu'à pareil jour 1717. 542

Du 4. May 1710.

Declaration du Roy, qui accorde la Noblesse aux Syndics des Commissaires des Guerres, 544

Du mois de May 1711.

Edit du Roy, qui accorde la Noblesse aux Commissaires des Compagnies des Gardes du Corps du Roy, Mousquetaires & autres, 546

Du 22. Septembre 1711.

Arrest du Conseil, qui ordonne l'imposition des Droits de Franc-Fiefs, & des Usages, dans la Generalité de Moulins, 550

Du 29. Septembre 1711.

Arrest du Conseil, qui ordonne qu'il sera expedié six Quittances du Garde du Tresor Royal, pour raison du Droit d'Usage, payé par les Communautés de la Generalité de Metz, 552

Du 5. Janvier 1712.

Arrest du Conseil, portant que le Recouvrement des Droits d'Amortissement, Franc Fief, & nouvel Acquêt, sera fait sur les contraintes du Fermier, visées par les Sieurs Intendans, & les Quittances visées par le Controlleur des Domaines, 554

Du 7 Juin 1712.

Arrest du Conseil, qui condamne les Curés & Marguilliers des Paroisses de Saint Jacques & de Saint Antoine de la Ville de Compiegne, à payer les Droits d'Amortissemens pour une Fondation faite au profit des Pauvres Malades desdites Paroisses, 556

Du 21. Juin 1712.

Arrest du Conseil, qui ordonne que le Droit de nouvel Acquêt pour les Usages, sera payé en Bourgogne, & dans les Païs de Bresse, Bugey, Gex & Valromey, nonobstant l'Amortissement prétendu obtenu lors de la recherche de 1689. 560

Du 21. Juin 1712.

Arrest du Conseil, qui ordonne que Chaplet fournira de Quittances de Finances aux Gens de Main-morte, & aux Roturiers possedans Fiefs, qui ont satisfait au payement des sommes dont ils étoient redevables en execution de la Declaration du 9. Mars 1700. 563

Du 18. Octobre 1712.

Arrest du Conseil, qui condamne le Sieur Vaillant, Bourgeois de Paris, à payer le Droit de Franc Fief, 564

Du 22. Novembre 1712.

Arrest du Conseil, qui ordonne que les Redevables des Droits

de Franc-Fiefs donneront leur declaration ; enjoint aux Syndics, Marguilliers, Maires, Consuls & autres Officiers des Paroisses, de donner un Etat certifié des Fiefs & autres biens Nobles situés dans leurs Paroisses ; contenant le nom des Terres & biens, & la qualité des Possesseurs, 565

Du 18. *Avril* 1713.

Arrest du Conseil, qui ordonne que le Droit d'Amortissement sera payé pour un fonds acquis de deniers provenans de Remboursement de Rente de Constitution, dont le Droit auroit été payé, attendu que par la Declaration du 4. Octobre 1704 le Remplacement de ladite Rente n'a pû être fait qu'en Rente de pareille nature, 567

Du 18. *Avril* 1713.

Arrest du Conseil, qui ordonne le payement du Droit de Franc-Fief par les Habitans de la Ville de Metz & du Païs Messin, 568

Du 25. *Juillet* 1713.

Arrest du Conseil, qui confirme les Habitans de la Ville de Chartres dans l'exemption du Droit de Franc Fief, en payant la somme de six mille trois cens trente trois livres six sols huit deniers, & les deux sols pour livre, 570

Du 23. *Janvier* 1714.

Arrest du Conseil, qui ordonne que faute par les Gens de Main-morte & les Particuliers possedans Fiefs, de faire juger leurs oppositions aux Rolles arrêtés au Conseil dans deux mois, ils seront contraints au payement des sommes portées aux Rolles, 572

Du 20. *Fevrier* 1714.

Arrest du Conseil, qui ordonne le payement du Droit de Franc-Fief, par les Habitans de la Ville de Bordeaux, 573

Du 14. *Aoust* 1714

Arrest du Conseil, qui ordonne que les Droits d'Amortissement, Franc Fief & nouvel Acquêt, seront payés par préference sur les Revenus des biens qui y sont sujets, sans qu'il soit besoin de le faire ordonner en Justice, 575

Du 14. Aoust 1714.

Arrest du Conseil, qui maintient les Habitans de Chartres dans leurs Exemptions, pour le Franc Fief, en payant six mille trois cens trente-trois livres six sols huit deniers, & les deux sols pour livre, 577

Du 29. Decembre 1714.

Arrest du Conseil, qui décharge les Religieux de l'Hôpital de la Charité de Selles en Berry, du Droit d'Amortissement de plusieurs Acquisitions qu'ils ont faites pour l'agrandissement de leur Eglise & Hôpital, 579

Du mois de Fevrier 1715.

Edit du Roy, qui ordonne un nouveau Bail des Droits d'Amortissement, Franc Fief & nouvel Acquêt, & differentes suppressions & réünions dans les Greffes, 580

Du 16. Fevrier 1715.

Arrest du Conseil, qui confirme les Habitans d'Orleans, dans l'Exemption du Franc Fief, en payant trente-un mille neuf cens trente-trois livres, 590

Du 16. Fevrier 1715.

Arrest du Conseil, qui ordonne qu'à commencer au premier Avril prochain, Guillaume Normand entrera en possession & joüissance de tous les Droits & Emolumens des Greffes réünis au Domaine de Sa Majesté, tant par Edit du present mois qu'autres précedens, & des Droits d'Amortissemens, Franc Fiefs & nouveaux Acquêts, 591

Du 18. Juin 1715.

Arrest du Conseil, qui condamne les Religieux de Saint Martin des Champs, à payer le Droit d'Amortissement de plusieurs Maisons construites sur un Fond amorti provenant de deniers d'autres Fonds amortis, 593

Du 2. Juillet 1715.

Arrest du Conseil, qui décharge un Fermier des Droits d'Amortissemens, d'une Assignation au Grand Conseil, pour raison desdits Droits, 596

Du 9. Juillet 1715.

Louis XIV. 1715. Arrest du Conseil, qui regle l'Indemnité du Fermier des Amortissemens de la Generalité de Caën, pour la non joüissance des Usages, dont les Habitans de ladite Generalité ont été déchargés par Declaration du 17. Avril 1714. 597

Du mois d'Aoust 1715.

Edit du Roy, de suppression, tant des Annoblissemens par Lettres, que des Privileges de Noblesse accordés depuis le premier Janvier 1689. aux Offices, soit Militaires, ou de Judicature, Police & Finance. De revocation de tous les Privileges & Exemptions aussi attribués à tous les Offices créés depuis le même temps, dont la premiere Finance est au-dessous de dix mille livres. Et suppression des Offices de Subdelegués & leurs Greffiers, & de toutes les Charges créées dans les Elections, depuis ledit jour premier Janvier 1689. 599

Du 21. Decembre 1715.

Louis XV. 1715. Arrest du Conseil, qui ordonne l'Imposition de la somme de vingt trois mille cent dix-huit livres six sols huit deniers, dûë à Sadet, restante à imposer pour l'indemnité du Fermier des Usages de la Generalité de Caën, 570

Fin de la Table du second Tome.

TOME TROISIE'ME.

Du 11. Janvier 1716.

Louis XV. 1716. ARREST du Conseil, qui ordonne le Recouvrement des Droits de Franc-Fiefs dûs par les Roturiers, dont les Annoblissemens, Privileges & Exemptions ont été supprimés par les Edits des mois de Juin & Aoust 1715. page premiere

Du 15. Fevrier 1716.

Arrest du Conseil, qui regle l'Indemnité du Fermier des Usages de la Province de Bourgogne, & des Païs de Bresse, Bugey, Valromey, & Gex, 5

Du 16. May 1716.

Arrest du Conseil, qui modere les Droits de Controlle des Exploits, pour le Recouvrement des Droits de Franc-Fiefs dûs par les Roturiers, dont les Annoblissemens, Privileges & Exemptions ont été supprimés, 6

Du 27. Juin 1716.

Declaration du Roy, qui met les Tresoriers, Receveurs, Fermiers, Sous-Fermiers, Commis & Préposés à la recette & maniement des Droits, en la protection & sauve-garde du Roy, 7

Du 4. Juillet 1716.

Arrest du Conseil, qui ordonne aux Fermiers & Commis du Controlle des Actes des Notaires & Insinuations, de communiquer leurs Registres au Fermier des Amortissemens & Franc-Fiefs, 10

Du premier Septembre 1716.

Arrest du Conseil qui subroge Frederic Sold à René Richard, pour la Sous-Ferme des Droits d'Amortissemens, les Franc-Fiefs & Usages des Generalités de Paris, Orleans & Flandre, 11

Du 5. Septembre 1716.

Arrest du Conseil, qui subroge les Etats de la Province de Bretagne, au Bail des Droits de Franc-Fiefs, Amortissemens & nouveaux Acquêts dans l'étenduë de ladite Province, fait en execution de l'Edit du mois de Fevrier 1715. 12

Du 5. Septembre. 1716.

Arrest du Conseil, qui ordonne l'imposition de l'indemnité du nouveau Fermier des Usages dans la Generalité de Caën, 16

Du 14. Novembre 1716.

Arrest du Conseil, qui subroge Charles le Noir, pour faire le Recouvrement des Droits de Franc-Fiefs dûs par les Roturiers dont les Annoblissemens, Privileges & Exemptions ont été supprimés, 18

Du 9. Janvier 1717.

Arrest du Conseil qui ordonne que Joseph Sadet, & ses Sous-

Louis XV. 1717.

Fermiers remettront à Guillaume Normand où ses Sous Fermiers, les sommes par eux reçûës, pour les Impositions des Usages & Abonnemens des Franc-Fiefs pour les deux années un mois, dont le Bail dudit Sadet est diminué, à commencer du premier Avril 1715. 20

Du 16. Janvier 1717.

Arrest du Conseil, qui ordonne que les Roturiers, lesquels par des Annoblissemens & Privileges étoient exempts des Droits de Franc-Fiefs, ensemble les Particuliers, compris dans les Suppressions portées par les Edits de Juin & Aoust 1715. May & Aoust 17 6 seront tenus de payer lesdits Droits; fixe le Controlle de chacun des Exploits, pour raison du Recouvrement, à quatre sols six deniers, 22

Du 13. Mars 1717.

Arrest du Conseil, qui regle entre les Sous-Fermiers, la repartition de la somme de quarante mille livres, imposée pour les Droits de Franc-Fiefs, des Terres hommagées & des Fiefs Boursaux situés dans le Païs du Perche, 24

Du 20. Mars 1717.

Declaration du Roy, portant Reglement pour les Privileges des Secretaires des Chancelleries, decedés revêtus de leurs Offices, 25

Du 9. Avril 1717.

Arrest de la Cour du Parlement de Toulouse, qui ordonne que les Droits d'Amortissemens & de nouvel Acquêt, payés par les Gens de Main-morte, à cause des Fondations faites par Testament, leur seront remboursés par les Heritiers des Défunts, 31

Du 17. Avril 1717.

Arrest du Conseil, portant décharge du Droit de Franc Fief, en faveur d'un Valet de Chambre de son Altesse Royale Monsieur le Duc d'Orleans, 32

Du 17. Juillet 1717.

Arrest du Conseil, qui ordonne l'Imposition des Usages de la Generalité de Roüen, sur le pied de trois mille deux cens cinq

livres dix-neuf sols dix deniers par an, 34

Du 24. *Juillet* 1717.

Arrest du Conseil, qui ordonne l'Imposition des Usages dans la Generalité de Paris, pour quatre années, à raison de trois mille neuf cens soixante-dix livres trois sols deux deniers par an, 36

Du mois de Septembre 1717.

Lettres Patentes, portant entr'autres choses confirmation du Privilege de Noblesse aux Prevôts des Marchands & Echevins de Lyon, & à leur posterité née & à naître, ensemble de leurs Octrois perpetuels, 37

Du 18. *Decembre* 1717.

Arrest du Conseil, qui declare les Privileges d'Exemptions de Franc-Fiefs attribués aux Offices des Presidens des Presidiaux par Edit du mois de Fevrier 1705. compris dans la Revocation generale ordonnée par l'Edit du mois d'Aoust 1715. 43

Du 15. *Janvier* 1718.

Arrest du Conseil, qui regle la repartition de la somme de douze mille livres, qui doit être payée par les Estats de Bearn, pour les Droits d'Usages, jusqu'au 19. Septembre 1717. 46

Du 5. *Fevrier* 1718.

Arrest du Conseil, portant décharge du Droit de Franc-Fief en faveur d'un Capitaine, Grand & ancien Exempt des Gardes de la Prevôté de l'Hôtel, & grande Prevôté de France, 47

Du 11. *May* 1718.

Arrest du Conseil, qui décharge un Fermier des Amortissemens & Franc-Fiefs, d'une demande portée au Conseil Privé; ordonne que les Parties se pourvoiront au Conseil des Finances, 49

Du 24. *May* 1718.

Arrest du Conseil, qui ordonne que sans s'arrêter aux oppositions formées & à former par les Maires & Echevins & autres Officiers des Villes, les Roturiers qui joüissoient des Privileges & Exemptions supprimés par les Edits de Juin & d'Aoust 1715. seront contraints au payement du Droit de Franc-Fief, 51

LOUIS XV. 1718.

Du 18. *Juin* 1718.

Arrest du Conseil, qui décharge du Droit de Franc-Fief les Enfans d'un Secretaire du Roy, près le Grand Conseil, decedé dans sa Charge, 53

Du 30. *Juillet* 1718.

Arrest du Conseil, qui ordonne, sans avoir égard à un Arrest du Conseil Privé, que les Parties se pourvoiroient au Conseil des Finances, sur une demande pour un Droit de Franc-Fief, 55

Du 7. *Septembre* 1718.

Arrest de la Cour du Parlement de Toulouse, qui ordonne que les Droits d'Amortissement & de nouvel Acquêt d'une somme leguée pour sûreté des fondations, seront payés par les Heritiers, 62

Du 13. *Decembre* 1718.

Arrest du Conseil, qui condamne les Bourgeois & Habitans des Villes du Havre & de Dieppe, à payer les Droits de Franc-Fiefs, 64

Du 13. *Decembre* 1718.

Arrest du Conseil, qui condamne les Habitans de Roüen à payer les Droits de Franc-Fiefs, 65

Du 23. *Decembre* 1718.

Arrest du Conseil, qui ordonne que les Habitans de la Ville de Saint Quentin, seront tenus de payer le Droit de Franc-Fief, 66

Du 23. *Decembre* 1718.

Arrest du Conseil, contre le Sieur Charles Puch, Commissaire des Guerres, & Maître Auditeur en la souveraine Chambre des Comptes de Savoye, pour le payement des Droits de Franc-Fiefs, 71

Du 3. *Janvier* 1719.

Arrest du Conseil, qui ordonne l'imposition du Droit de Franc-Fief, dans la Generalité de Moulins, 74

Du 16. *Janvier* 1719.

Arrest du Conseil, qui confirme une Ordonnance du Sieur

Intendant de Tours, qui condamne les Religieuses de l'Hôtel-Dieu de la Ville de Laval, à payer le Droit d'Amortissement, 76

Du 27. Janvier 1719.

Arrest du Conseil, qui porte que les Baux des Droits d'Amortissemens & Franc-Fiefs, ne sont point sujets à l'Enregistrement dans les Bureaux des Finances; fixe les Droits d'Enregistrement des Baux des Sous-Fermes des Domaines, &c. 81

Du 7. Fevrier 1719.

Arrest du Conseil, qui condamne les Religieuses Hospitalieres de la Ville de Caën, à payer le Droit d'Amortissement d'une Maison par elles acquise, attendu que leur Manse est separée de celle des Pauvres, 83

Du 15. Fevrier 1719.

Arrest du Conseil, qui condamne un Capitaine, Exempt des Gardes de la Prevôté de l'Hôtel, à payer le Droit de Franc-Fief, 85

Du 20. Fevrier 1719.

Ordonnance de M. l'Intendant de Flandres, qui ordonne l'execution de l'Arrest du premier Juin 1680. 86

Du 28. Fevrier 1719.

Arrest du Conseil, qui ordonne le payement du Droit d'Amortissement, pour une Rente donnée à charge de fondation, dont le fond a été aussi donné à un Hôpital, à la charge de ladite Rente, 88

Du 7. Mars 1719.

Arrest du Conseil, qui ordonne que faute par les Estats de la Province de Bretagne, d'avoir satisfait à la Subrogation qui leur avoit été accordée pour le Recouvrement du Droit de Franc-Fief dans ladite Province, ledit Recouvrement sera fait par le Fermier desdits Droits, 90

Du 29. Mars 1719.

Arrest du Conseil, qui ordonne que les Deniers des Fonds affectés à un legs, saisis à la requeste du Fermier des Droits d'Amortissemens, lui seront délivrés jusqu'à concurrence desdits Droits, 92

Louis XV. 1719.

Du mois d'Avril 1719.

Edit du Roy, portant Confirmation de l'Institution de l'Ordre Militaire de Saint Loüis. Création d'Officiers pour administrer les Biens dudit Ordre. Augmentation de deux Grands Croix, cinq Commandeurs & cinquante-trois Pensions. Et attribution pendant six années, de deux sols pour livre des Droits d'Amortissemens & de Franc-Fiefs. Et de la portion appartenante à Sa Majesté, jusques à dix mille livres, dans les Droits casuels, 95

Du 4. Avril 1719.

Arrest du Conseil, qui condamne les Habitans de la Ville, Fauxbourgs & Banlieuë de Chartres à payer le Droit de Franc-Fief chacun en particulier. Fait défenses à tous Fermiers & Sous-Fermiers des Droits d'Amortissemens, Franc-Fiefs & nouvel Acquêt, de faire à l'avenir aucuns Traités & Abonnemens pour raison desdits Droits, 110

Du 21. Avril 1719.

Arrest du Conseil, portant exemption des Droits de Franc-Fief, en faveur des Gardes de la Porte du Roy, 112

Du 2. May 1719.

Arrest du Conseil, qui condamne les Habitans de la Ville du Saint-Esprit, au payement des Droits d'Amortissemens pour le fond & superficie des Cazernes, 119

Du 16. May 1719.

Arrest du Conseil, qui declare les Privileges d'Exemptions de Franc-Fiefs & de Noblesse, attribués aux Offices des Commissaires ordinaires des Guerres, & des Commissaires Provinciaux compris dans la Révocation generale ordonnée par l'Edit du mois d'Aoust 1715. 115

Du 15. Juin 1719.

Ordonnance de Monsieur l'Intendant de la Generalité de Paris. Pour la Conservation des Privileges des Commis à la Regie des Sous Fermes-Unies, 118

Du premier Juillet 1719.

Arrest du Conseil, concernant la Confirmation de l'Institu-

tion de l'Ordre Militaire de Saint Loüis. La Création d'Officiers pour adminiſtrer les biens dudit Ordre. Et l'Augmentation de deux Grands Croix, cinq Commandeurs & cinquante-trois Penſions, 120

Du 18. Juillet 1719.

Arreſt du Conſeil, qui décharge le Fermier des Amortiſſemens d'une Aſſignation en la Cour des Aydes, ſauf à ſe pourvoir au Conſeil des Finances, 121

Du 22. Aouſt 1719.

Arreſt du Conſeil, qui accorde trois années aux Fermiers des Droits d'Amortiſſemens, Franc-Fiefs & nouveaux Acquêts, à compter du jour de l'expiration de leurs Baux, pour former la Demande deſdits Droits, après lequel délay les Droits appartiendront aux Fermiers qui ſeront en place, 123

Du 27. Aouſt 1719.

Arreſt du Conſeil, par lequel Sa Majeſté Caſſe & Annulle, à commencer au premier Octobre 1719. le Bail des Fermes Generales fait à Aymard Lambert, pour les cinq années qui en reſtent à expirer. Accorde le Bail deſdites Fermes Generales à la Compagnie des Indes pour neuf années, 130

Du premier Septembre 1719.

Arreſt du Conſeil, pour la priſe de Poſſeſſion du Bail des Fermes Generales-Unies, par la Compagnie des Indes, ſous le nom d'Armand Pillavoine, 134

Du 23. Septembre 1719.

Arreſt du Conſeil, qui ordonne que les Publications & Adjudications des Sous-Fermes demeureront nulles, attendu la Deliberation de la Compagnie des Indes, de regir toutes les Fermes de Sa Majeſté. 137

Du 26. Octobre 1719.

Arreſt du Conſeil, qui ordonne que tous Commis, Capitaines, Gardes & autres Employés par la Compagnie des Indes, pour les Gabelles, Cinq Groſſes Fermes, Tabac, Aydes, Papier & Parchemin timbrés, Controlle des Actes, Greffes, Do-

Louis XV. 1719.

maines, 'Amortissemens & Franc-Fiefs, pourront veiller à la conservation des Droits desdites Fermes, & en empêcher les fraudes, 138

Du premier Decembre 1719.

Arrest du Conseil, qui ordonne le payement des Droits d'Amortissemens, des nouvelles Constructions qui seront faites dans les Villes, au lieu & place des anciens Bâtimens. Fait défenses aux Gens de Main-morte de faire à l'avenir aucune augmentation ni Construction à neuf, sans en avoir communiqué les Plans aux Sieurs Intendans; & dans Paris, au Sieur Lieutenant General de Police. 139

Du premier Decembre 1719.

Arrest du Conseil, qui ordonne le payement du Droit d'Amortissement, d'une Maison donnée au Prevôt de l'Eglise de Barjols, & à ses Successeurs, 142

Du 15. *Fevrier* 1720.

Arrest du Conseil, qui décharge les Jesuites du Noviciat de Paris, de payer le Droit d'Amortissement de la nouvelle Construction qu'ils veulent faire dans l'étenduë de leur terrain, 145

Du 22 *Mars* 1720.

Arrest du Conseil, qui ordonne que les Sous-Fermiers des Droits d'Usages & de Franc-Fiefs, & les Receveurs des Tailles des Generalités, où il a été fait des Abonnemens des Droits, remettront à Maître Armand Pillavoine, Adjudicataire General des Fermes-Unies, les sommes qu'ils ont reçûës, pour quatre années trois mois commencés le premier Janvier 1720 & qui finiront le dernier Mars 1724. 146

Du 18. *Avril* 1720.

Arrest du Conseil, qui ordonne l'Imposition des Usages dans la Generalité de Caën, pour l'année 1720. & les suivantes, 148

Du mois de Juin 1720.

Lettres Patentes, portant établissement d'un Hôpital à Versailles, avec Exemption du Droit d'Amortissement, 149

Du 20. *Juillet* 1720

Arrest du Conseil, qui accepte les offres faites par les Estats de

de la Province d'Artois, de payer la somme de quarante cinq mille livres, au moyen de quoi les Communautés Laïques joüiront librement de leurs Usages, sans pouvoir à l'avenir être taxées, 151

Du 11. Octobre 1720.

Arrest du Conseil, qui décharge un Maire de Ville de Poitiers, du payement des Droits de Franc Fiefs, 152

Du 29 Octobre 1720.

Arrest du Conseil, qui maintient les Chevaux Legers de la Garde ordinaire, dans tous leurs Privileges, Exemptions, Titres & Qualités, notamment en l'Exemption des Franc-Fiefs, 154

Du 15 Novembre 1720.

Arrest du Conseil, qui ordonne l'Imposition du Droit de nouvel Acquêt, à commencer du premier Janvier 1720 Que dans les Provinces où ledit Droit a été negligé par les anciens Traitans & Fermiers, les Communautes seront tenuës de fournir des declarations des Droits & biens qu'elles possedent qui y sont sujets. Dispense les Communautés qui ont fourni des declarations, d'en fournir de nouvelles, 156

Du 5. Janvier 1721.

Arrest du Conseil, portant resiliement des Baux des Fermes faits à la Compagnie des Indes, sous le nom d'Armand Pillavoine, 159

Du 11. Janvier 1721.

Arrest du Conseil, pour la prise de Possession de la Regie des Fermes Generales-Unies, sous le nom de Maître Charles Cordier, 161

Du 17. Janvier 1721.

Arrest du Conseil qui permet à Charles Cordier, chargé de la Regie des Fermes Generales-Unies, de resilier les Baux, sous-Baux, Traités, sous-Traités, Marchés, Abonnemens, & Compositions faits par Armand Pillavoine, ou de les entretenir s'il le juge à propos, 164

Du 20. Fevrier 1721.

Ordonnance de M. Bignon, Intendant de la Generalité de

Louis XV. 1721.

Paris. Contenant les declarations que doivent fournir les Redevables des Droits d'Amortissemens & Franc-Fiefs, & les frais dont ils sont tenus, 166

Du 8. Mars 1721.

Sentence des Presidens Tresoriers de France de la Generalité de Paris, tenant la Chambre du Domaine & Tresor, au Palais, Portant que tous les Droits Casuels, Domaines & autres accordés à l'Ordre Militaire de Saint Loüis, faisant partie du bail qui en a été fait à Frederic Sold, Fermier desdits Droits, lui seront payés ou à ses Procureurs, Commis & Préposés, en execution dudit Bail, &c. 167

Du mois d'Avril 1721.

Lettres Patentes, qui maintiennent les Chevaux Legers de la Garde ordinaire, en tous leurs Privileges, Exemptions, Titres & qualités; notamment en l'exemption des Franc-Fiefs, 170

Du 23. Avril 1721.

Ordonnance de S. A. R. Monseigneur le Duc d'Orleans. Pour faire communiquer aux Fermiers des Amortissemens & Franc-Fiefs, les Registres des Insinuations & du Controlle appartenans à Son Altesse Royale. 172

Du 17. May 1721.

Arrest du Conseil, qui ordonne que le Recouvrement des Droits de Franc Fiefs dûs par les Roturiers, dont les Privileges sont revoqués, sera fait à l'avenir par Charles Cordier, 173

Du 20 Juin 1721.

Arrest du Conseil, qui condamne les Religieuses du Calvaire à payer le Droit d'Amortissement d'une Maison qu'elles ont nouvellement fait construire sur un fonds amorti, 174

Du 24. Juin 1721.

Arrest du Conseil, qui ordonne que l'Arrest du Conseil du 22. Juillet 1673. sera executé; & en consequence que les Roturiers possedans Moulins, à quelques usages qu'ils soient établis, des Colombiers, Tries, Fuyes & Volieres à Pigeons dans la Pro-

vince de Normandie, quoique separés & en d'autres mains que les Fiefs dont ils dépendent, payeront les Droits de Franc-Fiefs, 176

Du 11. *Juillet* 1721.

Arrest du Conseil, portant que Sa Majesté n'a entendu comprendre dans la dénomination generale du rétablissement des Privileges & Exemptions attribues à l'Office de Lieutenant de Maire de la Ville de Guise, celle du Droit de Franc-Fief, qui ne peut jamais avoir lieu que dans le cas où elle est nommément exprimée, 181

Du 11. *Juillet* 1721.

Arrest du Conseil, qui ordonne que sans s'arrêter à l'Ordonnance de Monsieur de Gasville Intendant à Roüen, le Tresor de la Paroisse de Saint Pierre de la Ville d'Evreux, payera le Droit d'Amortissement de la somme de neuf cens livres, leguée pour Fondation à charge d'Emploi, 185

Du 11. *Juillet* 1721.

Arrest du Conseil qui ordonne, sans avoir égard à une Ordonnance renduë par le Sieur de Crinfort Intendant de Bordeaux, que le Droit d'Amortissement sera payé pour une Dixme leguée à une Fabrique, 186

Du 18. *Juillet* 1721.

Arrest du Conseil, qui ordonne, sans avoir égard à une Ordonnance du Sieur Doujat, Intendant à Maubeuge, que le Droit d'Amortissement sera paye par les Jesuites de Valenciennes, pour les Rentes par eux acquises du Roy, à titre d'alienation, 188

Du 18. *Juillet* 1721.

Arrest du Conseil, qui subroge Jacques Goizon à Jean Rousselot, pour le Recouvrement des Droits de Franc Fiefs & d'Amortissemens dans les Generalités d'Amiens, Soissons & autres, 190

Du 29. *Juillet* 1721.

Arrest du Conseil, qui condamne le Chapitre de Chagny au payement du Droit d'Amortissement d'une Rente leguée pour Fondation, laquelle Rente doit être payée par un Hôpital à

Louis XV. 1721.

cause d'un Droit de Peage qui lui a été legué, 191

Du 12. Aoust 1721.

Arrest du Conseil, qui condamne les Consuls de la Ville de Limoges à payer le Droit de Franc-Fief, 192

Du 19. Aoust 1721.

Arrest du Conseil, qui ordonne que le Recouvrement des Droits de Franc-Fief dûs par les Roturiers qui en avoient acquis l'Exemption à titre d'Annoblissement ou autrement, & dont les Privileges ont été revoqués, sera fait par Charles Cordier, chargé de la Regie des Fermes Generales, sur les Contraintes qui seront par lui decernées, 195

Du 19. Aoust 1721.

Arrest du Conseil, qui ordonne le payement du Droit de Franc-Fief, par les Habitans de la Ville de Compiegne, 197

Du 29 Aoust 1721.

Arrest du Conseil, qui enjoint aux Notaires & autres Personnes publiques, de faire mention de la nature des biens vendus, s'ils sont en Fiefs ou en Rotures, & d'y désigner les Fiefs d'où relevent les Heritages vendus ou échangés, 200

Du 5. Septembre 1721.

Arrest du Conseil, qui ordonne que les Habitans de la Ville de Boulogne, Comté & Païs Boulonnois, seront tenus de payer, chacun en particulier, le Droit de Franc-Fief pour les Fiefs & autres biens Nobles qu'ils possedent, à quelque titre que ce puisse être; nonobstant & sans s'arrêter à l'Arrest du 30. Decembre 1634. & aux Lettres Patentes du mois de Juin 1716. 201

Du 5. Septembre 1721.

Arrest du Conseil, pour la prise de Possession de la continuation de Regie des Fermes Generales-Unies, sous le nom de Maître Charles Cordier, 203

Du 19. Septembre 1721.

Arrest du Conseil, qui condamne un Bourgeois de Paris au payement du Droit de Franc-Fief, 205

Du 25. Septembre 1721.

Arrest du Conseil, concernant la reddition des Comptes du Recouvrement des Droits de Franc-Fiefs dûs par les Annoblis & les Privilegiés supprimés, 207

Du 30. Septembre 1721.

Arrest du Conseil, qui fait deffenses aux Officiers de la Chambre des Comptes de Nantes, de connoître des contestations nées & à naître au sujet de la perception des Droits d'Amortissemens, Franc-Fiefs, & nouveaux Acquêts, & en attribuë la connoissance au Sieur Intendant de la Province de Bretagne, 209

Du 30. Septembre 1721.

Arrest du Conseil, portant décharge du Droit de Franc-Fief en faveur d'un Gentil-Homme servant du Roy, 210

Du 30. Septembre 1721.

Arrest du Conseil, qui reduit à six sols le Controlle des Exploits faits pour les Fermiers des Amortissemens & Franc-Fiefs, 212

Du 18. Octobre 1721.

Arrest du Conseil, qui ordonne la publication & adjudication des Fermes Generales des Domaines, Controlle des Actes, Greffes, Amortissemens, Franc-Fiefs & autres, pour six années, 213

Du 14. Novembre 1721.

Arrest du Conseil, qui reçoit Cordier chargé de la Regie des Fermes, opposant à l'Arrest du 29. Octobre 1720 obtenu par les Chevaux-Legers, qui les exemptoit des Droits de Franc-Fiefs, 214

Du 14. Novembre 1721.

Arrest du Conseil, qui ordonne que le Droit de Franc-Fief sera payé pour une Métairie située en Poitou, venduë par le Seigneur du Fief, à la charge de relever de lui roturierement, 217

Du 14. Novembre 1721.

Arrest du Conseil, qui condamne un Bourgeois de la Ville de

Louis XV. 1721.

Bordeaux, à payer le Droit de Franc-Fief pour un bien en Franc-Aleu Noble, 220

Du 25. Novembre 1721.

Arrest du Conseil, portant que les deux sols pour livre de principal du Droit de nouvel Acquêt, ordonnés être perçûs depuis le premier Janvier 1702. seront imposés concurremment avec le principal desdits Droits de nouvel Acquêt de l'année courante, & continuëront à l'avenir à être imposés, jusques & compris l'année 1715. au profit de l'Ordre Militaire de Saint Loüis, 223

Du 9. Decembre 1721.

Arrest du Conseil, qui condamne un Bourgeois de Paris à payer le Droit de Franc Fief, 225

Du 16 Decembre 1721.

Arrest du Conseil, portant liquidation du Droit de nouvel Acquêt dans les Provinces de Flandre & Haynault, 226

Du 23. Decembre 1721.

Arrest du Conseil, qui ordonne que les Gardes de la Porte de Monsieur le Duc d'Orleans, joüiront de l'Exemption du Droit de Franc-Fief, 234

Du 30. Decembre 1721.

Arrest du Conseil, qui accorde un nouveau Délai aux Sous-Fermiers des Amortissemens & Franc-Fiefs de la Province de Bretagne, pour former des demandes pour les Droits qui leur appartiennent, 235

Du 6. Fevrier 1722.

Arrest du Conseil, qui condamne le Sieur Potier à payer le Droit de Franc Fief pour la Terre de Clinchamp, prétenduë relever du Duché de Bar, mouvant de la Couronne, 237

Du 6. Fevrier 1722.

Arrest du Conseil, qui condamne les Habitans de la Ville de Toulouse, à payer le Droit de Franc-Fief, 239

Du 6. Fevrier 1722.

Arrest du Conseil, qui ordonne que les Communautés Laï-

ques de la Province d'Artois, fourniront des declarations de leurs Usages, 245

Du 6. Fevrier 1722.

Arrest du Conseil, qui ordonne que les Maires & Lieutenans de Maires, Consuls & autres Officiers des Hôtels de Ville de la Province de Languedoc, payeront les Droits de Franc-Fiefs, 250

Du 6. Fevrier 1722.

Arrest du Conseil, qui ordonne que les Droits de Controlle des Exploits qui seront faits pour le Recouvrement des Droits d'Amortissemens, Franc-Fiefs & nouveaux Acquêts échûs ou à écheoir, seront payés à l'avenir sur le pied de six sols pour chacun, 253

Du 6. de Fevrier 1722.

Arrest du Conseil, qui ordonne que les Communautés de Languedoc fourniront des declarations de leurs Usages, & payeront le Droit de nouvel Acquêt depuis le premier Janvier 1702. 254

Du 12. Fevrier 1722.

Arrest du Conseil, qui commet le Sieur Veron pour faire la Recette du Droit de nouvel Acquêt, qui doit être payé à Etienne Chaplet dans le Département de Lille, & la Prévôté-le-Comte de Valenciennes, 257

Du 6. Mars 1722.

Arrest du Conseil en Reglement sur les Iinscriptions de faux contre les Procès-verbaux des Commis à la perception du Controlle des Actes des Notaires & Droits y joints, Greffes, Franc-Fiefs, Amortissemens & Droits sur les Suifs, 260

Du 8. Mars 1722.

Arrest du Conseil, qui décharge du payement du Droit de Franc Fief, un Moulin dans la Generalité de Caën, attendu qu'il n'est possedé qu'à Titre d'Engagement, 263

Du 11. Mars 1722.

Ordonnance du Conseil de S. A. R. Monsieur le Duc d'Orleans. Portant que les Commis du Controlle des Actes apparte-

Louis XV. 1722.

nant à Son Altesse Royale, communiqueront leurs Registres aux Commis des Amortissemens & Franc Fiefs, 265

Du 13. Mars 1722.

Arrest du Conseil, portant qu'il sera tenu compte à Armand Pillavoine de la somme de six mille livres, pour la non-joüissance des Usages dans la Province de Bourgogne, 266

Du 24. Avril 1722.

Arrest du Conseil, qui juge que les Droits Seigneuriaux sont dûs pour l'acquisition, nonobstant les Lettres d'Amortissement, obtenuës sur la joüissance du payement du Droit d'Amortissement, 267

Du 24. Avril 1722.

Arrest du Conseil, portant que le Roy n'a point entendu faire comprendre le Droit de Franc-Fief, dans la remise faite par Sa Majesté, des Impositions anterieures à l'année 1719. 271

Du 5. May 1722.

Arrest du Conseil, qui juge que le Droit d'Amortissement est dû, & doit être payé au Fermier en place lors du decès des Testateurs, 272

Du 15. May 1722.

Arrest du Conseil, qui liquide l'Indemnité dûë tant à Chaplet Fermier en 1700. qu'à Sadet, Fermier de 1708. pour les Usages du Département de Lille, 274

Du 15. May 1722.

Arrest du Conseil, qui fixe les Usages de la Franche Comté par forme d'Abonnement, à quatre mille neuf cens quarante-cinq livres par an, & en ordonne l'Imposition sur ce pied, depuis le premier May 1708. jusques & compris 1722. 276

Du 15. May 1722.

Arrest du Conseil, qui ordonne, avant faire Droit sur l'opposition formée par les Habitans du Boulonnois, à l'Arrest du 5. Septembre 1721. que les Parties remettront leurs Titres & Pieces, pour être ordonné ce qu'il appartiendra, & ce, pendant qu'il sera sursis à toutes poursuites, 278

Du

Du 5. Juin 1722.

Arrest du Conseil, qui subroge Jean Thomas, au lieu & place de Loüis Lelievre, pour le Recouvrement des Droits d'Amortissemens, Franc Fiefs & nouveaux Acquèts, ordonnés être perçûs au profit de Sa Majesté, par Edit du mois de May 1708. 279

Du 30. Juin 1722.

Arrest du Conseil, qui ordonne que les Droits de Franc Fiefs dûs par les Particuliers, dont les Annoblissemens, Privileges & Exemptions ont été supprimés, seront payés à Charles Cordier, sans que les Fermiers dont les Baux sont expirés au dernier Decembre 1718. 1719. & 1720. y puissent rien prétendre, 281

Du 30. Juin 1722.

Arrest du Conseil, qui condamne un Gentil-homme de la Fauconnerie, à payer le Droit de Franc-Fief, 283

Du 7. Juillet 1722.

Arrest du Conseil, qui ordonne l'Imposition des Usages dans les Châtellenies de Lille, Douay & Orchies, suivant l'Arrest du 16. Decembre 1721. sans avoir égard aux Requêtes desdites Châtellenies, 285

Du 14. Juillet 1722.

Arrest du Conseil, qui ordonne que les Communautés Laïques du Département d'Artois, fourniront les declarations de leurs Usages, conformément à l'Arrest du 6. Fevrier 1722. 287

Du 14. Juillet 1722.

Arrest du Conseil, qui condamne les Religieuses du Prieuré Royal de Saint Loüis de la Ville de Roüen, à payer le Droit d'Amortissement d'une Maison par elles acquise pour joindre à leur clôture, 290

Du 31 Juillet 1722.

Arrest du Conseil, qui condamne deux Bourgeois des Villes d'Amiens & d'Abbeville, à payer les Droits de Franc-Fiefs, 292

Du 18. Aoust 1722.

Arrest du Conseil, qui deboute les Proprietaires des Papete-

Louis XV. 1722.

ries ou Moulins à Papier de la Generalité de Caën, de leur Requeste, au sujet des Droits de Franc-Fiefs; & ordonne qu'ils seront tenus de payer lesdits Droits, 295

Du 18. Aoust 1722.

Arrest du Conseil, qui ordonne le payement du Droit de Franc-Fief, pour les Dixmes infeodées, chargées de trente sols de rente envers un Seigneur suserain, 299

Du 23. Aoust 1722.

Arrest du Conseil, qui ordonne que les Deux sols pour livre des Droits de Franc-Fiefs accordés à l'Ordre Militaire de Saint Loüis, pour les Villes qui se sont abonnées, seront imposés concurremment, avec le principal desdits Droits, depuis le premier Janvier 1702. jusques & compris l'année 1725. 302

Du 7. Septembre 1722.

Arrest du Conseil, qui décharge les Filles de la Communauté de l'Enfant Jesus de la Ville de Rheims, du payement du Droit d'Amortissement pour un Legs, attendu qu'elles sont chargées de la nourriture & entretien de trente pauvres Filles Orphelines, & que leur Manse est commune, 304

Du 22. Septembre 1722.

Arrest du Conseil, qui condamne trois Commissaires ordinaires & Provinciaux des Guerres, au payement du Droit de Fran-Fief, 306

Du 22. Septembre 1722.

Arrest du Conseil, qui ordonne que sur la somme de quatorze mille huit cens quatre-vingt-dix livres huit sols huit deniers, imposée pour le Droit de nouvel Acquêt du Département de Lille, pour le Traité de Chaplet, il sera payé à Greslet, Fermier de 1700 la somme de mille quatre cens dix-neuf livres quinze sols, pour le montant de l'Indemnité accordée à Chaplet, 313

Du 29. Septembre 1722.

Arrest du Conseil, qui ordonne l'Imposition des Usages de la Province de Bretagne pendant les années 1719. 1720. 1721. &

1722. à raison de sept mille trois cens trente huit livres seize sols un denier par an. 315

Louis XV. 1722.

Du 6. Octobre 1722.

Arrest du Conseil, qui ordonne que les Particuliers & Redevables des Droits de Franc-Fiefs & Amortissemens, seront tenus dans un mois du jour de la signification de l'Article du Rolle ou contrainte, & de faire statuer sur leur opposition dans deux mois, sinon contraints purement & simplement, & condamnés à payer les frais, 316

Du 6. Octobre 1722.

Arrest du Conseil, qui condamne un Particulier au payement du Droit de Franc-Fief, sans avoir égard aux prétenduës Lettres de Verification de Noblesse, obtenuës au Conseil d'Artois, 318

Du 13. Octobre 1722.

Arrest du Conseil, qui condamne la Veuve & les Heritiers d'un Gentil homme ordinaire de feu Monsieur le Prince, au payement du Droit de Franc-Fief, 321

Du 17. Novembre 1722.

Arrest du Conseil, qui ordonne que les Habitans de la Paroisse de Journet, Election de Poitiers, seront tenus de payer le Droit de nouvel Acquêt, de seize cens neuf Arpens & demi de Communaux, dont ils joüissent à titre d'Usages, nonobstant les Declarations par eux faites, que lesdits Usages ne relevent point du Domaine du Roy, mais seulement de Seigneurs particuliers, ausquels ils en payent annuellement des Cens & autres redevances Seigneuriales, 324

Du 17 Novembre 1722.

Arrest du Conseil, qui condamne les Habitans de Cahors à payer le Droit de Franc-Fief, 327

Du 17. Novembre 1722.

Arrest du Conseil, qui condamne un Controlleur des Guerres, à payer le Droit de Franc-Fief. 329

Du 24 Novembre 1722.

Arrest du Conseil, qui ordonne que les Habitans de la Ville de Roüen fourniront leur declaration des Moulins & autres biens Nobles qu'ils possedent, & en payeront le Droit de Franc Fief, 331

LOUIS XV. 1722.

Du premier Decembre 1722.

Arrest du Conseil, qui condamne les Bourgeois & Habitans des Villes de Bourges & d'Issoudun, à payer les Droits de Franc-Fief; & les Communautés Laïques de ladite Generalité de Bourges, à payer le Droit de nouvel Acquêt, à cause de leurs Usages, 338

Du 12. Janvier 1723.

Arrest du Conseil, qui condamne les Benedictins de Saint Pere en Vallée de Chartres, à payer le Droit d'Amortissement d'une acquisition d'Heritage, dont le prix provenoit de vente d'anciens Heritages amortis & de Droit d'indemnité, 340

Du 29. Janvier 1723.

Declaration du Roy, pour faire joüir les Officiers de feuë Madame, des Privileges des Commensaux de la Maison du Roy, 343

Du 2. Fevrier 1723.

Arrest du Conseil, qui ordonne que les Habitans des Paroisses de Saint Cyr, Vonneüil-sur-Vienne, & Bonneüil-Matours, payeront le Droit de nouvel Acquêt, à cause des Usages dont ils joüissent dans les 1513. Arpens de Landes & Bruyeres, & 100. Arpens de Taillis de la Forest de Mouliere, outre & par dessus la Redevance annuelle qu'ils payent au Receveur du Domaine, 345

Du 5. Fevrier 1723.

Arrest du Conseil, qui ordonne le payement du Droit de Franc-Fief par les Habitans d'Issoudun, 347

Du 12. Fevrier 1723.

Arrest du Conseil, qui condamne les Habitans des Paroisses des Bastilles du Pays de Marsan, à payer le Droit de nouvel Acquêt, à cause de leurs Usages, 350

Du 16. Fevrier 1723.

Arrest du Conseil, qui condamne les Dominicains de la Ville de Bergues-Saint-Winocq à payer le Droit d'Amortissement, 352

Du 2. Mars 1723.

Arrest du Conseil, qui condamne les Bourgeois de Montargis, à payer les Droits de Franc-Fiefs, 354.

Du 8. *Mars* 1723.

Arrest du Conseil, qui ordonne que le Droit de Franc-Fief, dû par un President du Presidial de Limoges, sera payé à Charles Cordier, attendu la revocation des Privileges attribués ausdits Offices, 357

Du 8. *Mars* 1723.

Arrest du Conseil, qui deboute les Maire & Echevins de Dijon, de l'opposition par eux formée à l'Arrest du 14. Fevrier 1719. qui condamnoit le Chapitre de la Sainte Chapelle de Dijon, au payement du Droit d'Amortissement d'une Maison, pour remplacement d'autres Fonds amortis vendus, 360

Du 8 *Mars* 1723.

Arrest du Conseil, qui ordonne le payement du Droit d'Amortissement, pour une Maison acquise pour augmentation de clôture, 363

Du 15. *Mars* 1723.

Arrest du Conseil, qui condamne un Controlleur des Guerres, au payement du Droit de Franc-Fief, attendu la revocation des Privileges, 365

Du 15. *Mars* 1723.

Arrest du Conseil, qui ordonne que le Droit de Franc-Fief ne sera perçû en Artois, que sur le pied d'une année du revenu, & ne sera pas dû par les heritiers de ceux qui ont payé, 367

Du 5. *Avril* 1723.

Arrest du Conseil, qui juge que le Droit de Franc-Fief est dû par les Roturiers, à cause de la proprieté, nonobstant les Clauses d'Usufruit reservé à des Personnes Nobles, 369

Du 12. *Avril* 1723.

Arrest du Conseil, qui condamne à payer le Droit d'Amortissement, pour raison de nouveaux Bâtimens, par augmentation à une Maison acquise en 1633. amortie, 376

Du 12. *Avril* 1723.

Arrest du Conseil, qui accorde un nouveau délai de deux ans

aux Sous Fermiers des Franc-Fiefs & Amortissemens des Provinces de Languedoc, Provence & Dauphiné, 378

LOUIS XV. 1723.

Du 19. Avril 1723.

Arrest du Conseil, qui liquide l'indemnité dûë au Fermier, pour raison d'une acquisition faite par les Peres Jesuites de Dieppe, de Biens appartenans à l'Hôtel-Dieu de Paris, lesquels biens le Roy avoit déchargé de l'Amortissement, à cause de la vente, 379

Du 19. Avril 1723.

Arrest du Conseil, qui ordonne que les Communautés du Païs de Labour, seront tenuës de payer le Droit de nouvel Acquêt pour leurs Droits d'Usages, 381

Du 26. Avril 1723.

Arrest du Conseil, qui ordonne que les Gens de Main-morte payeront les Droits d'Amortissemens des Fondations par eux acceptées, nonobstant les renonciations faites après l'acceptation, 382

Du 26. Avril 1723.

Arrest du Conseil, qui ordonne l'Imposition du Droit de nouvel Acquêt dans le Département de Lille, à commencer du premier Janvier 1722. & à l'avenir par chacune année, sans qu'il soit besoin de nouvel Arrest, 385

Du 26. Avril 1723.

Arrest du Conseil, qui ordonne que le Droit de Franc-Fief dû par un Controlleur de Grenier à Sel, sera payé à Charles Cordier, comme compris dans la revocation des Privileges, 386

Du 26. Avril 1723.

Arrest du Conseil, qui condamne la Fabrique de Saint Pierre de Langres, à payer le Droit d'Amortissement des acquisitions en Grains, faites en 1720. sur le pied du denier vingt cinq de l'évaluation desdits Grains, 390

Du 3. May 1723.

Arrest du Conseil, qui ordonne que le Droit de Franc-Fief sera payé par les heritiers d'un Acquereur de Lettres de Noblesse,

à compter du premier Aoust 1715. jusqu'au jour du decès dudit Acquereur, sauf au Fermier à se faire payer des Droits par les heritiers, depuis le decès dudit Acquereur, 392

Du 10. *May* 1723.

Arrest du Conseil, qui ordonne que le Droit de Franc-Fief sera payé par un Controlleur General des Finances & Domaines d'Auch, 394

Du 24. *May* 1723.

Arrest du Conseil, qui ordonne que le Droit d'Amortissement sera payé pour un fonds acquis de deniers procedans de remboursement de rentes constituées, 296

Du 24. *May* 1723.

Arrest du Conseil, qui ordonne que le Droit de Franc-Fief sera payé pour une rente en Grains, démembrée d'un Fief, à la charge d'un denier de Cens & de Droits de Lods & Ventes, 398

Du 24. *May* 1723.

Arrest du Conseil, qui décharge du Droit de Franc-Fief un Secretaire du Roy, supprimé, qui a repris une pareille charge de nouvelle création, 400

Du 31. *May* 1723.

Arrest du Conseil, qui condamne la veuve d'un Assesseur en l'Hôtel de Ville de Bourges, à payer le Droit de Franc-Fief, attendu la revocation des Privileges, 402

Du 7. *Juin* 1723.

Arrest du Conseil, qui condamne les Administrateurs de l'Hôtel-Dieu de Doüay, à payer le Droit d'Amortissement d'une Maison construite à neuf, à la déduction du tiers, à cause du fond amorti, 405

Du 13. *Juillet* 1723.

Arrest du Conseil, qui ordonne l'Imposition des Usages dans la Generalité de la Rochelle, 407

Du 20. *Juillet* 1723.

Arrest du Conseil, qui condamne trois Particuliers Officiers

de Greniers à Sel, au payement du Droit de Franc-Fief, attendu la revocation des Privileges, 412

Du 20. Juillet 1723.

Arrest du Conseil, qui condamne Bernard de Cez, Vice-Senechal Honoraire en la Maréchaussée Deslannes, à payer le Droit de Franc-Fief, nonobstant le titre d'Ecuyer attaché audit Office, 415

Du 9. Aoust 1723.

Lettres Patentes, portant décharge du Droit d'Amortissement, pour les Rentes qui seront constituées ou acquises par les Gens de Main-morte, pour cinq millions cinq cens mille livres d'une part, & cent cinquante mille livres d'autre, qui seront empruntés par le Clergé, en vertu de la Deliberation du 10. Juin 1723. 417

Du 9. Aoust 1723.

Arrest du Conseil, qui décharge un Sous-Lieutenant de la Vennerie, du payement du Droit de Franc-Fief, 435

Du 30. Aoust 1723.

Arrest du Conseil, qui ordonne le payement du Droit d'Amortissement de deux parties de rentes sur les Aydes & Gabelles, données pour causes de Fondation, 437

Du 30. Aoust 1723.

Arrest du Conseil, qui condamne Jacques le Prevost de la Grandiere, à payer le Droit de Franc-Fief, nonobstant sa qualité de Bourgeois, & de Tiers Referendaire en la Chancellerie près le Parlement de la Ville de Roüen, 439

Du 13. Septembre 1723.

Arrest du Conseil, qui condamne les Sieurs Dumoutier, à payer le Droit de Franc-Fief, nonobstant leur prétenduë noblesse, 441

Du 13. Septembre 1723.

Arrest du Conseil, qui ordonne que les Habitans Roturiers de la Province de Berry, seront tenus de payer les Droits de Franc-Fiefs,

Fiefs, pour les Fiefs & biens Nobles qu'ils possedent; & au cas qu'ils prétendent que les Heritages pour lesquels ils se trouveront compris dans les Rolles & Contraintes, soient en Roture, ils seront tenus de le justifier par des declarations en bonne forme, fournies aux Seigneurs dont ils relevent, contenant les Cens & Rentes dont ils sont chargés, sinon qu'ils seront censés & reputés être en Fief, 447

Du 11. Octobre 1723.

Arrest du Conseil, qui declare l'Exemption du Droit de Franc-Fief, attribuée aux Commissaires aux Revûës, comprise par la revocation portée par l'Edit du mois d'Aoust 1715. & en consequence, ordonne qu'ils seront tenus de payer le Droit de Franc-Fief, 451

Du 18. Octobre 1723.

Arrest du Conseil, qui ordonne le payement du Droit de nouvel Acquêt, par les Habitans de la Basse-Navarre, 455

Du 18. Octobre 1723.

Arrest du Conseil, portant repartition pour l'Imposition des Usages du Païs de Soulle, 456

Du 18. Octobre 1723.

Arrest du Conseil, qui ordonne l'Imposition du Droit de nouvel Acquêt sur les Communautés Laïques des Elections de Pithiviers & Châteaudun, 458

Du 18. Octobre 1723.

Arrest du Conseil, qui ordonne l'Imposition du Droit de nouvel Acquêt dans l'Election des Lannes, 459

Du 8. Novembre 1723.

Arrest du Conseil, qui ordonne que les Officiers de Milice Bourgeoise de la Ville de Lyon, sous le titre d'Officiers Penons, payeront le Droit de Franc-Fief, 460

Du 15. Novembre 1723.

Arrest du Conseil, portant Reglement pour l'execution de celui du Conseil du 22. Aoust 1719. concernant les demandes des

LOUIS XV. 1723.

anciens Fermiers pour les Droits d'Amortissemens & Franc-Fiefs dépendans de leurs Fermes, 466

Du 30. Novembre 1723.

Arrest du Conseil, qui condamne le Sieur Herlam de la Motte, Habitant de Compiegne, à payer le Droit de Franc-Fief, 468

Du 7. Decembre 1723.

Arrest du Conseil, qui ordonne que le Chapitre de Baune sera tenu de payer le Droit d'Amortissement d'une somme de deux mille livres leguée audit Chapitre pour fondation perpetuelle, quoiqu'il n'y ait point de stipulation d'emploi de ladite somme, 472

Du 21. Decembre 1723.

Arrest du Conseil, qui declare le Droit de nouvel Acquêt sur les Usages possedés par les Communautés Laïques de la Province d'Artois, être un Droit du Domaine. Et que liquidation sera faite de la somme à laquelle pouvoient monter lesdits Droits qui étoient dûs au 20. Juillet 1700. jour de l'Arrest du Conseil, contenant Abonnement, pour être ladite somme imputée sur celle de quarante-cinq mille livres, payée par les Etats de ladite Province, & l'excedant remboursé ausdits Etats. Ordonne que lesdits Droits seront levés depuis le 20. Juillet 1700. & à l'avenir, en ladite Province, ainsi que dans le reste du Royaume, 474

Du 24. Decembre 1723.

Arrest du Conseil, qui désunit de la Regie des Fermes Generales, sous le nom de Charles Cordier, les Domaines, Greffes, Amortissemens & Franc-Fiefs; & la Formule dans les Pais où les Aydes n'ont point cours, 485

Du 28. Decembre 1723.

Arrest du Conseil qui commet Nicolas Poirier, pour faire la Regie & Perception pendant trois années, à commencer au premier Janvier 1724. des Droits de Controlle des Actes des Notaires, Insinuations Laïques & Centiéme Denier, Petit-Scel & Controlle des Exploits, Greffes, Amortissemens, Franc-Fiefs, nouveaux Acquêts & Usages dans l'étenduë du Royaume; Droits de Timbre dans les Provinces où les Aydes n'ont pas cours, de

celui de la nouvelle Formule établie par la Declaration du 7. Decembre 1723. sur les Papiers & Parchemins qui doivent servir aux Actes des Notaires de Paris; ensemble des Quatre sols pour livre de ceux desdits Droits qui y sont sujets: Comme aussi des Domaines & Droits Domaniaux du Royaume, à l'exception des Domaines, Barrage & Poids-le-Roy de la Ville de Paris, & des Domaines de Flandres, Artois & Haynault. Et ordonne que tout ce qui restera à recouvrer desdits Droits, audit jour premier Janvier, appartiendra audit Poirier, 487

Du 4. Janvier 1724.

Declaration du Roy, pour faire joüir des Privileges des Commensaux les Officiers de feu Monsieur le Duc d'Orleans, 490

Du 4. Janvier 1724.

Arrest du Conseil, qui ordonne, en interpretant la Clause inserée dans les Lettres de Confirmation de Privileges, obtenuës par les Maire, Echevins, Bourgeois & Habitans de la Ville de Poitiers, qu'ils payeront les Droits de Franc-Fiefs, 491

Du 6. Janvier 1724.

Declaration du Roy, pour faire joüir des Privileges des Commensaux, les Officiers de la Maison de Monsieur le Duc d'Orleans, 495

Du 11. Janvier 1724.

Arrest du Conseil, qui condamne les Gens de Main-morte à payer les Droits d'Amortissemens des biens compris dans les donations par eux acceptées, quoique les Donateurs s'en soient reservés l'usufruit leur vie durant, 496

Du 15. Fevrier 1724.

Arrest du Conseil, qui ordonne le payement du Droit d'Amortissement pour des Echanges faits entre les Chanoines & Chapitre, & un Chapelain de l'Eglise de Saint Germain l'Auxerrois, de biens dépendans dudit Chapitre & de la Chapelle, 498

Du 15. Fevrier 1724.

Arrest du Conseil, qui condamne un Piqueur au vol de la Pie, à payer le Droit de Franc-Fief, 503

LOUIS XV. 1724.

Du 15. *Fevrier* 1724.

Arrest du Conseil, qui ordonne que le Droit de Franc-Fief sera payé à raison d'une année de revenu du Fief justifié par des Baux, sinon sur le pied du denier vingt du prix de l'acquisition, 505

Du 22. *Fevrier* 1724.

Declaration du Roy, concernant les Impositions du Clergé, & la décharge accordée pour le payement du Droit d'Amortissement des biens alienés par Baux emphiteotiques, dans lesquels les Gens de Main-morte rentreront, soit avant ou après l'expiration desdits Baux où il n'y aura point d'amelioration, & où il y en aura, le Droit sera payé pour icelles,

Du 17. *Avril* 1724.

Arrest du Conseil, qui condamne le Sieur de Sachy à payer le Droit de Franc-Fief, sans avoir égard à l'allegation de Noblesse non justifiée, 509

Du 2. *May* 1724.

Arrest du Conseil, qui subroge Maître Charles Basset à Nicolas Poirier, pour continuer la Regie des Domaines & autres Droits y joints, 511

Du 9. *May* 1724.

Arrest du Conseil, qui décharge du Droit d'Amortissement les nouvelles Constructions & Ruës qui seront faites à Saint Denis, 514

Du 9. *May* 1724.

Arrest du Conseil, qui condamne la Communauté de Callas, à payer le Droit d'Amortissement, pour les acquisitions par elles faites, 515

Du 23. *May* 1724.

Arrest du Conseil, qui ordonne l'Imposition des Usages du Département de Lille, pour les années 1722. 1723. & 1724. 581

Du 23. *May* 1724.

Arrest du Conseil, qui ordonne le payement du Droit de Franc-Fief, du revenu entier du Fief, nonobstant la retention de

partie dudit revenu par un Donateur, 520

Du 23. May 1724.

Arrest du Conseil, qui juge que le Droit d'Amortissement est dû au Fermier du temps de la mort des Testateurs, quoique l'acceptation des Legs & Fondations soit faite après l'expiration de son Bail, 522

Du 23. May 1724.

Arrest du Conseil, qui condamne les Maire & Echevins de la Ville de Bayeux, à payer le Droit d'Amortissement d'une maison acquise pour servir de Cazernes, 524

Du 30. May 1724.

Arrest du Conseil, qui condamne les Prieure & Religieuses de l'Abbayette à Lille, à payer les Droits d'Amortissemens de plusieurs maisons qu'elles ont fait construire à neuf, 526

Du 30. May 1724.

Arrest du Conseil, qui condamne à payer le Droit de Franc-Fief, nonobstant la reserve d'usufruit faite par le Donateur, 529

Du 6. Juin 1724.

Arrest du Conseil, qui juge que le Droit d'Amortissement est dû par un Hôpital Legataire universel, pour la fondation d'un Chapelain établi à perpetuité dans ledit Hôpital, 530

Du 27 Juin 1724.

Arrest du Conseil, qui ordonneque le Droit de Franc-Fief sera payé, à compter du jour du decés du pere, quoique les 20 années pour lesquelles il avoit payé, ne fussent pas expirées. Fixe le payement du Droit, à raison du denier vingt cinq de l'acquisition, sans avoir égard à la somme qui avoit été payée par le pere, suivant la Quittance rapportée, 535

Du mois de Juillet 1724.

Edit du Roy, qui reduit & fixe le nombre des Secretaires du Roy, à deux cens quarante, 537

Du 4. Juillet 1724.

Arrest du Conseil, qui condamne les Jesuites du Noviciat de

Louis XV, 1724.

Paris, à payer les Droits d'Amortissemens des Bâtimens qu'ils ont fait construire & accroître dans l'enceinte de leur Clôture, 543

Du 11. Juillet 1724.

Arrest du Conseil, qui ordonne le payement du Droit d'Amortissement d'une somme leguée pour fondation perpetuelle, dont l'emploi a été fait pour acquitter les dettes de la Communauté, 545

Du 26. Septembre 1724.

Arrest du Conseil, qui ordonne l'Imposition des Usages dans la Province de Bretagne, pour les années 1723. & 1724. [illegible]

Du 17. Octobre 1724.

Arrest du Conseil, qui juge que le Droit d'Amortissement d'une somme leguée à une Communauté de Paris, à prendre sur le prix d'une Terre située en Poitou, sera payé au Fermier de [illegible]

Du 17. Octobre 1724.

Arrest du Conseil, qui condamne les Filles de la Croix établies à Chablis, à payer le Droit d'Amortissement, [illegible]

Du 17. Octobre 1724.

Arrest du Conseil, qui juge que le Droit de Franc-Fief est dû pour des heritages vendus par démembrement d'un Fief, à la charge d'en payer les Lods & Vente, & un denier de cens rendus au Seigneur du Fief, [illegible]

Du 17. Octobre 1724.

Arrest du Conseil, qui juge que le Droit d'Amortissement est dû pour des heritages donnés pour fondation, nonobstant la reserve de l'Usufruit par le Donateur sa vie durant, 562

Du 17. Octobre 1724.

Arrest du Conseil, qui ordonne que les Habitans de la Ville d'Amiens payeront le Droit de Franc-Fief, 564

Du 28. Novembre 1724.

Declaration du Roy, portant nouveau Reglement pour la ﬁ-

xation des Droits d'Amortiſſemens & d'Indemnité, dûs à Sa Majeſté par les Eccleſiaſtiques & Gens de Main-morte, pour les acquiſitions qu'ils font dans l'étenduë des Seigneuries ou Juſtices Royales ou des Seigneurs, 568

Du 28. Novembre 1724.

Arreſt du Conſeil, qui ordonne que le Droit de Franc-Fief dû dans la Province de Franche-Comté, ſera payé au Regiſſeur des Domaines, avec défenſes aux Receveurs des Domaines de continuer à en faire la Recette, 572

Du 5. Decembre 1724.

Arreſt du Conſeil, qui ordonne l'Impoſition des Uſages dans la Province de Dauphiné, 575

Du 12. Decembre 1724.

Arreſt du Conſeil, qui ordonne que les Jeſuites de Doüay payeront le Droit d'Amortiſſement, nonobſtant leurs Lettres Patentes, portant Amortiſſement moyennant une legere Finance, 576

Du 19. Decembre 1724.

Arreſt du Conſeil, qui charge Charles Baſſet, de faire la Recette & Recouvrement de toutes les ſommes qui ſe trouveront dûës, & à recouvrer par Charles Cordier, au premier Janvier 1725. pour les Domaines, Amortiſſemens Franc-Fiefs & autres Droits, 581

Du 30. Janvier 1725.

Arreſt du Conſeil, qui Condamne le Sieur Herlant de la Motte, à payer les Droits de Franc-Fiefs des biens Nobles qu'il poſſede, aux frais de l'eſtimation deſdits biens, & au coût de l'Arreſt, 583

Du 6. Fevrier 1725.

Arreſt du Conſeil, qui declare exemptes des Droits d'Amortiſſemens, les Rentes ſur les Tailles créées au profit des Communautés Seculieres & Regulieres, des fonds qui leur ont été rembourſés ou qui leur ont été donnés pendant les années 1719. & 1720. de même que les Rentes ſur l'Hôtel de Ville, 589

Du 20. Fevrier 1725.

Arreſt du Conſeil, qui décharge du Droit de Franc-Fief le

LOUIS XV. 1725.

Sieur de Villemur, Legataire universel du Sieur Halma son Oncle, pour biens alienés du Domaine de Sa Majesté en 1688. 590

Du 27 Mars 1725.

Arrest du Conseil, qui condamne un Piqueur au Vol pour Corneille, de la grande Fauconnerie de France, Veterant, à payer le Droit de Franc-Fief, 591

Du 17. Avril 1725.

Arrest du Conseil, qui juge que le Droit d'Amortissement est dû pour une somme donnée pour Fondation perpetuelle sans stipulation d'emploi, & nonobstant le payement de ladite somme fait par la Communauté, pour rembourser une Rente de Constitution qu'elle devoit, 593

Du 24. Avril 1725.

Arrest du Conseil, qui condamne les Premontrés de la Croix Rouge, à payer le Droit d'Amortissement d'une somme de six mille huit cens cinquante livres données pour fondation, nonobstant des Quittances sous seings-privés, rapportées pour justifier que cette somme a été employée à la construction d'un bâtiment dont ils ont payé l'Amortissement, 595

Du 24. Avril 1725.

Arrest du Conseil, qui condamne la veuve d'un Commissaire aux Revûës, à payer le Droit de Franc-Fief, attendu la Revocation des Privileges, 597

Du 27. Avril 1725.

Arrest du Conseil, qui ordonne que les Deux sols pour livre des Droits d'Usages & de nouvel Acquêt imposés dans les Generalités, seront reçûs par les Receveurs des Tailles, & le fond par eux remis au Tresor Royal, pour être payé à l'Ordre Militaire de Saint Loüis, jusques & compris l'année 1725. 599

Du 15. May 1725.

Arrest du Conseil, qui condamne les Consuls de la Ville de Tarascon, à payer le Droit d'Amortissement des fonds de Terre sur lesquels ils ont fait contruire les Cazernes de cette Ville, 602

Du

Du mois de Juin 1725.

Edit du Roy, portant ſuppreſſion & nouvelle création de Receveurs des Domaines, avec attribution de faire recette des Droits d'Amortiſſemens & Franc-Fiefs, & de deux ſols pour livre deſdits Droits, 603

Du 17. Juillet 1725.

Arreſt du Conſeil, qui ordonne que l'Impoſition du Droit de nouvel Acquêt, ſera faite à l'avenir annuellement & par avance par les Sieurs Intendans dans les Provinces & Generalités ; & dans les Païs d'Etats, par les Députés ordinaires deſdits Etats, 608

Du 25. Septembre 1725.

Arreſt du Conſeil, qui juge que l'Amortiſſement eſt dû nonobſtant l'Uſufruit donné à une tierce perſonne, & que l'on eſt tenu d'accepter & de renoncer au Legs, ſans attendre le decès de l'Uſufruitier, 609

Du 22. Janvier 1726.

Arreſt du Conſeil, qui ordonne le payement du Droit d'Amortiſſement d'une Fondation, dont on ne doit joüir du Fonds qu'après la mort du Donateur, 612

Du 5. Fevrier 1726.

Arreſt du Conſeil, qui donne la préference aux Fermiers ou Sous Fermiers des Droits d'Amortiſſemens & de Franc Fiefs ſur tous les Fruits & Revenus des biens ſaiſis ſujets auſdits Droits, 615

Du 5. Fevrier 1726.

Arreſt du Conſeil, qui ordonne le payement du Droit d'Amortiſſement d'une ſomme de neuf cens livres, payée pour fondation perpetuelle ſans ſtipulation d'emploi, 617

Du 12. Fevrier 1726.

Arreſt du Conſeil, qui ordonne l'Impoſition du Droit de nouvel Acquêt dans l'Election des Lannes, 619

Du 12. Fevrier 1726.

Arreſt du Conſeil, qui ordonne que le Droit d'Amortiſſe-

Louis XV. 1726.

ment sera payé pour une cession faite par une Communauté, à un Particulier, de créance qu'elle avoit sur une succession fonciere, à la charge de payer une rente qui demeurera affectée sur les fonds qui reviendront de la succession, 620

Du 12. Mars 1726.

Arrest du Conseil, qui ordonne que le Droit d'Amortissement sera payé pour une Fondation perpetuelle faite, quoiqu'il n'y ait point de stipulation d'emploi de la somme donnée, 622

Du 19. Mars 1726.

Arrest du Conseil, qui ordonne que le Droit d'Amortissement sera payé pour une somme mobiliaire & une rente sur l'Hôtel de Ville de Paris, leguées à la charge de Fondation de quatre Messes par an, & d'avoir soin des Pauvres d'une Paroisse, 624

Du 16. Avril 1726.

Arrest du Conseil, qui ordonne que le Droit d'Amortissement sera payé pour une Maison nouvellement acquise, jointe à un enclos amorti, 627

Du 7. May 1726.

Arrest du Conseil, qui ordonne l'Imposition de la somme de trente-sept mille huit cens soixante-quatre livres dix huit sols sept deniers, sur la Ville & Châtellenie de Bouchain, à cause du Droit de nouvel Acquêt, 629

Du 4 Juin 1726.

Arrest du Conseil, qui ordonne que le Droit d'Amortissement sera payé pour des heritages donnés par Baux Amphiteotiques des 18. Fevrier 1450. & 30 Novembre 1496. abandonnés à un Chapitre, à condition de fondation perpetuelle, 630

Du 9 Juillet 1726.

Arrest du Conseil, qui ordonne que le Droit d'Amortissement sera payé par les Directeurs de la Maison des Enfans Rouges du petit Bethléem d'Aix, pour deux Maisons par eux acquises, 633

Du 10. Septembre 1 26.

Arrest du Conseil, qui ordonne que le Droit d'Amortissement

sera payé pour une fondation perpetuelle, sans stipulation d'emploi des deniers donnés, 636

Du 8. Octobre 1726.

Arrest du Conseil, qui ordonne que le Droit de nouvel Acquêt sera payé dans le Païs de Labour, 638

Du 3. Decembre 1726.

Arrest du Conseil, qui ordonne que le Droit d'Amortissement sera payé pour des Rentes leguées pour fondations à differentes Eglises, lesdites Rentes dûës par un Hôpital Legataire universel, 642

Du 17. Decembre 1726.

Arrest du Conseil, qui ordonne que les Administrateurs de la Maison des Anciens Hommes de Lille, seront tenus de payer les Droits d'Amortissement d'un Legs fait en deniers, pour fondation perpetuelle, 646

Du 17. Decembre 1726.

Arrest du Conseil, qui ordonne que le Droit d'Amortissement sera payé pour des fonds acquis de deniers provenans de Rentes de Constitution remboursées, dont l'Amortissement avoit été payé, attendu que la décharge du Droit d'Amortissement n'a été accordée que pour le remplacement qui sera fait des Rentes de Constitution, 650

Du 31. Decembre 1726.

Arrest du Conseil, qui ordonne que le Droit d'Amortissement sera payé pour l'Abonnement fait à une Communauté d'une Rente de Constitution qu'elle devoit, à la charge d'une fondation perpetuelle, 655

Du 14. Janvier 1727.

Arrest du Conseil, qui juge que le Droit d'Amortissement est dû au Fermier du temps du décès du Testateur : Ordonne que ledit Droit sera payé pour l'acquisition faite d'un fonds, au Fermier du temps de l'acquisition, nonobstant l'allegation que les deniers sont ceux qui ont été donnés par le Testateur, attendu le défaut de declaration par le Contrat d'Acquisition, 657

LOUIS XV. 1727.

Du 14. Janvier 1727.

Arreſt du Conſeil, qui ordonne que les Prêtres de la Congregation de la Miſſion de Saint Lazare, ſeront tenus de payer les Droits d'Amortiſſemens des Bâtimens nouvellement conſtruits ſur le pied du capital des loyers qui pourront être retirés deſdits Bâtimens, dont l'eſtimation ſera faite par Experts, 663

Du 28. Janvier 1727.

Arreſt du Conſeil, qui décharge les Fabriques, les Charités des Paroiſſes & les Communautés Regulieres de Paris des Droits d'Amortiſſemens pour toutes les Rentes ſur l'Hôtel de Ville de Paris, qu'elles ont conſtituées, ou qui leur ont été leguées. 675

Fin de la Table du troiſiéme Tome.

ADDITION A LA TABLE CHRONOLOGIQUE DES REGLEMENS DU RECUEIL DES AMORTISSEMENS, &c.

TOME IV.

Du 3. Fevrier 1728.

DECLARATION concernant les Droits de nouvel Acquêt, &c. Tome IV. Page premiere

Du 27. Avril 1728.

Arrest concernant l'Insinuation des Quittances des Droits d'Amortissement. Tome IV. Page 4.

Du 19. Octobre 1728.

Arrest qui condamne le Sieur Jean du Tillet, à payer le Droit de Franc-Fief de Rentes nobles, acquises à faculté de Remeré pendant neuf années. Tome IV. Page 7.

Du 28. Decembre 1728.

Arrest qui condamne les Chanoines du Chapitre de la Sainte Chapelle de Bourges, à payer le Droit d'Amortissement d'Heritage qu'ils ont acquis, dont le prix a été payé des Deniers provenus d'un Remboursement d'une Rente, pour laquelle ils avoient aliené d'anciens Heritages. Tome IV. Page 9.

FIN.

TABLE DES PRINCIPALES MATIERES CONCERNANT LES DROITS D'AMORTISSEMENS ET NOUVEAUX ACQUETS.

ATTRIBUTION DE JURISDICTION.

1320. *6. May* MANDEMENT de Philippe V. au Senechal de Beaucaire, pour faire une recherche dans sa Senechaussée. Tome I. *page.* 16 — *Attribution de Jurisdiction.*

1520. *6. Septembre.* Lettres Patentes de François Premier, portant Commission au Bailly de Chartres, pour contraindre les gens de Mainmorte & gens d'Eglise, à donner la déclaration de leurs Biens. Tome I. 32

15. *Octobre.* Commission de François I. à des Commissaires du Parlement & Chambre des Comptes, pour la levée des Droits. Tome I. 38

1571. *5. Septembre.* Lettres Patentes portant Commission pour faire proceder à la Taxe des Francs-Fiefs & nouveaux Acquêts. Tome I. 79

1575. *Premier Aoust.* Lettres Patentes d'Henry III. portant Evocation au Conseil de toutes les Instances pour raison desdits Droits. Tome I. 95

1577. *25. Aoust*, Idem 97

1606. *9. Decembre.* Idem d'Henry IV. Tome I. 100

1609. *2. Avril*, Lettres Patentes qui nomment des Commissaires pour la Recherche depuis Charles IX. Tome I. 103

Attribution de Jurisdiction.

1613. 22. *Octobre.* Lettres Patentes de Loüis XIII. qui nomment des Commissaires pour reconnoître lesdits Droits, & que le Recouvrement qui avoit été sursis, sera continué à la Requête de Robert Renoüart. Tome I. 119

1633. 13. *Aoust.* Lettres d'Etablissement d'une Chambre pour la recherche des Droits. Tome I. 138

1652. 30. *Decembre.* Arrest qui nomme des Commissaires. Tome I. 311.

1653. 2. *Juillet.* Jugement de la Chambre, pour l'execution de la Declaration du 2. Juin 1653. Tome I. 318.

6. *Septembre.* Arrest qui ordonne que sans avoir égard à l'Arrest du Parlement de Roüen, le Recouvrement sera continué. Tome I. 323

1654. 10. *Octobre.* Lettres Patentes qui nomment des Commissaires pour la Chambre des Amortissemens & Francs-Fiefs. Tome I. 335

1655. 26. *Janvier & troisiéme Fevrier.* Arrest de la Chambre de Roüen, portant Reglement sur les declarations à fournir par les Redevables, Tome I. 338. 342.

1657. 25. *Juin.* Lettres Patentes qui nomment des Commissaires pour la liquidation des Taxes. Tome I. 387. 391.

1672. 26. *Mars.* Arrest qui nomme des Commissaires en execution de l'Edit & Declaration de Mars 1672. Tome I. 569.

1675. 19. *Octobre.* Arrest qui ordonne, que sans avoir égard aux Ordonnances par les Intendans & leurs Subdelegués, les Rolles seront executés à la Requeste de Vialet. Tome II. 76

1689. 10. *Septembre.* Arrest qui nomme des Commissaires pour connoître des Droits ordonnés être payés par la Declaration du 5. Juillet 1689. au nom de Jean Fumée. Tome II. 127.

1690. 25. *Fevrier.* Arrest qui contraint le Chapitre de Toulouse à payer, nonobstant l'Ordonnance du Subdelegué, portant surséance, & défend de se pourvoir ailleurs, que pardevant les Commissaires. Tome II. 138.

1705. 7. *Avril.* Arrest qui ordonne que les Saisies faites pour l'Amortissement des Rentes, seront poursuivies devant les Juges ordinaires où elles auront été portées, & la préference en faveur du Traitant. Tome II. 456

1708. *May.* Edit qui attribuë aux Officiers du Bureau des Finances, la connoissance des contestations. Tome II. 495.

1709. *Novembre.* Edit d'attribution aux Officiers de la Chambre des Comptes de Bretagne, pour les Droits de ladite Province, pour la liquidation. Tome II. 513.

1710. 4. *Novembre.* Arrest qui attribuë la connoissance des Oppositions aux contraintes, à Messieurs les Intendans, sauf l'Appel au Conseil. Tome II. 537

1715. 2. *Juillet* Arrest qui décharge son Fermier de l'Assignation à lui donnée au Grand Conseil. Tome II. 596

1718. 11. *May.* Arrest en faveur d'un Fermier, qui renvoye les Parties au Conseil de Finance. Tome III. 49

30. *Juillet.* Arrest qui reçoit le Sous-Fermier de Lyon, opposant à

l'Arrest obtenu au Conseil Privé, par les Ursulines de Lyon, sauf à elles de se pourvoir au Conseil de Finance. Tome III. 55 *Attribution de Jurisdiction.*

1719. 24. *May* Arrest qui décharge le Sous-Fermier en Provence, de l'Assignation à lui donnée aux Requestes du Palais à Aix, à la Requeste du Seminaire de Senez, & ordonne l'execution de la Contrainte. Tome III. 92

18. *Juillet* Arrest qui décharge le Fermier de l'Assignation à lui donnée à la Cour des Aydes, à la Requête des Hospitalieres de Vire, sauf à se pourvoir au Conseil. Tome III. 121.

1721. 30. *Septembre.* Arrest qui défend aux Officiers de la Chambre des Comptes de Nantes, de connoître des contestations. Tome III. 209

BIENS ALIENE'S AMORTIS.

1658. 20. *Decembre.* Declaration portant que les Biens alienés des Gens de Main-morte, depuis 100 années payeront une année de revenu, & ceux alienés depuis une demi année pour indemniser le Roi des Decimes & subvention desdits Biens. Tome I. 459 *Biens aliennés amortis.*

1659. 12. *Fevrier.* Ordonnance pour faire donner des Declarations des alienations. Tome I. 464

24. *Novembre,* Arrest d'Enregistrement devant les Commissaires. Tome I. 485

EXEMPTS OU CONDAMNATIONS CONTRE les Exempts.

1291. Ordonnance de Philippe IV. dit le Bel.

Article premier. Portant qu'il ne sera fait aucune recherche pour les acquisitions faites dans les Terres des Barons. Tome I. 5 *Exempts ou condamnations contre les Exempts.*

1303. 13. *Aoust.* Lettres Patentes qui déchargent les Ecclesiastiques séculiers & reguliers du Diocese d'Amiens, du Droit d'Amortissement, en payant Decimes. Tome I. 9

1320. Ordonnance de Philippe V. dit le Long.

Article VIII. qui décharge les acquisitions faites en Languedoc, au dessus de soixante années. Tome I. 11

1344. 29. *Octobre.* Ordonnance de Philippe VI. Tome I. 22
Tous Dons & Legs faits aux Eglises, de vingt sols de rente, ne payeront rien.

1571. 30. *Octobre.* Declaration de Charles IX. qui déclare n'avoir entendu comprendre dans sa Declaration, les Beneficiers payant Decimes. Tome I. 87

1572. *Premier Avril.* Ordonnance déterminative, en conformité de ladite Declaration. Tome I. 89

1575. *Premier Aoust.* Lettres Patentes en faveur du Clergé payant Decimes. Tome I. 95

1577. 25. *Aoust.* Autre à même fin. Tome I. 97

160[illegible]. 9. *Decembre.* Lettres Patentes qui confirment l'Exemption du Clergé. Tome I. 100

Exempts ou condamnations contre les Exempts.

1609. Ordonnance, portant décharge aux Beneficiers, payant Decimes de donner Declarations. Tome I. 108

1618. 21. *Juillet.* Arrest du Conseil, qui fait main-levée au Recteur de l'Université de Paris des saisies. Tome I. 125

1623. 17. *Aoust.* Arrest qui décharge du Droit de Franc-fief & nouvel Acquest, les Prieurés de Saint Pavin des Champs, Ligneres, la Sainte Trinité, des Fougeres, & S. Jean Desprez en Bretagne. Tome. I. 127

1633. 30. *Mars.* Arrest du Conseil, portant décharge en faveur du Clergé, en consideration des sommes par eux payées. Tome I. 129

1634. 4. *Aoust.* Arrest qui renvoye aux Commissaires, la requête en décharge des Hôpitaux, Maladreries & autres lieux pitoyables. Tome I. 165

14. *Decembre.* Arrest, portant décharge aux Hôpitaux de donner déclarations. Tome I. 167

1635. 2. *Mars.* Arrest qui décharge les Hôpitaux. Tome I. 169

Premier Septembre. Arrest qui décharge les Ecclesiastiques, pour les Benefices payant & non payant Decimes, & pour tous les Domaines & Heritages appartenans à l'Eglise, ensemble les Fabriques, Hôpitaux & Fondations. Tome I. 171

1636. 9. *Fevrier.* Arrest Idem, avec main levée des saisies. Tome I. 173

1639. 19. *Avril.* Declaration pour la recherche, depuis 1520. excepté les Hôpitaux & Hôtels-Dieu, les Monasteres & Couvens, établis depuis trente ans, & les Carmelites. Tome I. 178

21. *Novembre.* Les rentes foncieres qui n'excedent pas vingt sols, déchargées. Tome I. 203

1641. 24. *Juillet.* Lettres Patentes portant décharge, jusqu'à ce jour en faveur des Ecclesiastiques & Communautés y dénommés. Tome I. 243

10. *Aoust.* Arrest qui ordonne que les sommes payées par les Ecclesiastiques, pour le sixiéme du revenu de leurs Benefices, leur seront renduës. Tome I. 248

1644. 9. *Septembre.* Arrest qui décharge les Ecclesiastiques payant Decimes, de toutes demandes, pour Droit d'Amortissement. Tome I. 288

1645. 9. *Septembre.* Declaration portant révocation de toutes Declarations, portant recouvrement des Droits d'Amortissement. Tome I. 290

1652. 29. *Decembre.* Declaration qui ordonne le recouvrement, les Beneficiers payant Decimes, & les Fabriques exceptés. Tome I. 302

1652. 2. *Juin.* Declaration qui décharge les Hôpitaux & les nouveaux Monasteres, les Beneficiers payant Decimes, Hôpitaux & Hôtels-Dieu. Tome I. 316

1654. 9. *Septembre.* Jugement de la Chambre, qui décharge les Communautés de la Ville de Tours, des Droits de nouveaux Acquêts & Amortissement jusqu'à quatre cens livres de revenu annuel, Tome I. 330

1673. 10. *Juin.* Arrest portant décharge du Droit de nouvel Acquêt, en faveur des Hôpitaux & autres lieux pieux. Tome II. 15

1673. 23. *Decembre.* Arrest portant décharge en faveur des Habitans de Joigny, attendu qu'ils ont amorti. Tome II. 33

Exempts, ou condamnations contre les Exempts.

1674. 2. *Juin.* Arrest portant décharge aux Fabriques & autres, des poursuites pour fondations pieuses, à l'exception des Biens par elles acquis, ou qui leur ont été donnés depuis 1641. Tomé II. 46

1675. 9. *Septembre.* Arrest qui décharge les Ecclesiastiques, des Droits de nouvel Acquêt, pour les rentes rachetables. Tome II. 72

9. *Septembre.* Arrest qui décharge les Fabriques des nouveaux Acquêts de Biens possedés avant 1641. Tome II. 70

9. *Septembre.* Arrest en interpretant celui du 10. Juin 1673. qui décharge les Ecclesiastiques du nouvel Acquêt, pour les échanges. Tome II. 73

1690. 21. *Fevrier.* Arrest qui permet aux Ecclesiastiques de vendre des Biens pour payer les Amortissemens; & décharge de l'Amortissement les Biens vendus. Tome II. 136

25. *Fevrier.* Arrest contre le Chapitre de Toulouse. Tome II. 138

11. *Avril.* Arrest contre l'Abbaye de Fontevrault. Tome II. 141

11. *Avril.* Arrest contre les Communautés Regulieres & Seculieres de Bordeaux. Tome II. 143

11. *Juillet.* Arrest portant décharge pour le remplacement des Rentes constituées & foncieres, qui seront remboursées aux Gens de Main-morte. Tome II. 161

1691. 21 *Aoust.* Arrest qui remet aux Curés & autres Ecclesiastiques, Titulaires des Prestimonies, Obits & Chapelles, le tiers du Droit d'Amortissement; aux Fabriques des Villes, le cinquiéme; & aux Fabriques & Confrairies des Eglises rurales, le quatriéme. Tome II. 185

1693 20. *Juin* Arrest en faveur de la Maison de Saint Loüis à Saint Cyr. Tome II. 247

1695. 15. *Octobre.* Arrest qui permet aux Villes & Communautés, d'acquerir par Ventes ou Reventes, des Domaines du Roy, & racheter les Rentes qu'elles peuvent devoir, sans payer aucun Droit d'Amortissement, ni d'indemnités. Tome II. 332

1696. 27. *Octobre.* Arrest qui décharge des Droits d'Amortissement en Flandres, les Heritages & Rentes qui auront été acquis des Deniers provenans du Remboursement des Rentes Foncieres, dont ils ont payé l'Amortissement, en justifiant de l'enregistrement fait au Greffe general des Rachats & des Contrats d'acquisition. Tome II. 350

1701. 3. *Mars.* Arrest en faveur des Filles de la Communauté de l'Enfant Jesus de Reims, comme Hôpital. Tome II. 395

28. *Juin.* Arrest portant décharge pour une Rente leguée & remplacée en une autre, sur l'Hôtel-de-Ville de Paris. Tome II. 396

16. *Aoust.* Arrest qui décharge la Fabrique de Bretonvilliers, d'un Droit d'Amortissement d'une Rente créée à son profit en 1631 Tome II. 401

29. *Octobre.* Arrest portant Reglement sur le Recouvrement des Droits du Recouvrement de Chapelles. Tome II. 403

1702. 23. *Septembre.* Arrest conformément à l'Edit du 15. Octobre 1695.

Exempts, ou condamnations contre les Exempts.

qui permet aux Villes & Communautés d'acquerir les hautes Justices & Domaines, même de racheter les Rentes au Roy, conformément à l'Edit d'Avril dernier, sans payer aucun Amortissement ni indmnités. Tome II. 424

1703. 3. *Juillet*. Lettres Patentes, qui déclarent que les deux sols pour livre seront payés aux Receveurs des Domaines, pour l'enregistrement des Rentes. Tome II. 429

1705. 10. *Fevrier*. Arrest pour faire païer les Droits d'Amortissement d'une maison, où est établi l'Hôpital de Dunquerque. Tome II. 453

3. *Mars*. Arrest qui décharge les Religieux de Saint Jean, établis dans le Temple à Paris, pour quelques reconstructions dans l'Enclos du Temple. Tome II. 454

16. *Juin*. Declaration qui amortit les Biens Fonds & Rentes du Clergé. Tome II. 458

18 *Aoust*. Arrest qui décharge les Rentes constituées à prix d'argent par le Clergé en leur Diocese, au profit des Gens de Mainmorte. Tome II. 462

1706. 9. *Mars*. Declaration qui modere à deux années, les Rentes à prix d'argent. Tome II. 473

9. *Mars*. Arrest qui décharge les Carmes Déchaussés du Desert près Louviers, des Droits pour Fondation de Places de Religieux. Tome II. 477

1707. 10. *May*. Arrest pour les Casernes de Valenciennes. Tome II. 492

5. *Avril*. Arrest qui permet aux Prêtres du Seminaire des Missions Etrangeres à Paris ruë du Bac, d'acquerir pour 13600. livres de Biens ou Rentes, pour remplacement des Remboursemens à eux faits des Rentes amorties. Tome II. 492

1708. 9. *Octobre*. Arrest qui ordonne le Païement du Droit dans lequel on est rentré. Tome II. 508

1710. 25. *Fevrier*. Arrest qui décharge des Droits, les Fondations ou Legs pour les Boüillons des Pauvres, & autres necessités des Malades, & pour les Ecoles de Charité. Tome II. 524

1714. 29. *Decembre*. Arrest qui décharge les Religieux de la Charité de Selle en Berry, du Droit des Maisons acquises pour aggrandir leur Eglise. Tome II. 579

1719. 16. *Janvier*. Arrest contre l'Hôtel-Dieu de Laval. Tome. III. 76

7. *Fevrier*. Arrest contre les Hospitalieres de Caën. Tome III. 83

Premier Decembre. Arrest qui décharge les Augustins de Paris, du Droit pour une Maison bâtie sur les anciens Fondemens Tome III. 139

1720. 15. *Fevrier*. Arrest en faveur des Jesuites du Noviciat de Paris, pour nouvelles constructions. Tome III. 145

Juin. Lettres Patentes en faveur de l'Hôpital de Versailles. T. III. 149

1722. 7. *Septembre*. Arrest qui décharge les Filles de l'Enfant Jesus de Reims, comme Hospitalieres. Tome III. 304

1723. 9. *Aoust*. Lettres Patentes portant décharge pour les Rentes qui seront constituées par le Clergé. Tome III. 417

1724. 22. *Fevrier*. Declaration qui décharge les Biens d'Eglise aliénés,

dans lesquels les Gens de Main-morte, rentreront avant ou après l'expiration des Baux, où il n'y aura point d'amelioration. Tome III. 507

Exempts, ou condamnations contre les Exempts.

1724. 9. *May.* Arrest portant décharge pour les nouvelles constructions & ruës faites à Saint Denis Tome III. 513.

9. *May.* Arrest contre la Communauté de Callas, pour raison de Pensions & Rentes Seigneuriales rachetées. Tome III. 515

1725. 6. *Fevrier.* Arrest qui décharge les Rentes sur les Tailles, constituées au profit des Gens de Main-morte. Tome III. 589

1727. 28. *Janvier.* Arrest qui décharge les Fabriques & Charités de Paris, pour les Rentes sur l'Hôtel-de-Ville, soit qu'elles ayent été constituées de leurs Deniers, ou qu'elles leur ayent été données par Fondation. Tome III. 675

INDEMNITE',

Indemnité

1641. 3. *Decembre.* Ordonnance pour le Droit d'Indemnité dans l'Appanage. Tome I. 277.

1686. *Octobre.* Edit pour la Province de Languedoc. Tome II. 112

1692. 25. *Novembre.* Arrest qui ordonne que le Roi payera l'interest des sommes qui lui seront dûës pour Droit d'Indemnité des Biens amortis dans son Appanage. Tome II. 214

1723. 19. *Avril.* Arrest qui accorde une Indemnité aux Fermiers, pour les Biens acquis par les Jesuites de Dieppe, appartenant à l'Hôtel-Dieu de Paris, lesquels Biens le Roi avoit déchargés du Droit à cause de la Vente. Tome III. 379

1724. 17. *Octobre.* Arrest qui condamne les Filles de la Croix à Chabli, de païer le Droit. Tome III. 552.

2. *Novembre.* Declaration. Tome III. 568

LETTRES D'AMORTISSEMENS ET DE'CHARGES.

Lettres d'Amortissement & décharges.

1303. 15. *Aoust.* Ordonnance de Philippe le Bel, portant décharge en faveur des Eglises du Diocese d'Amiens, au moyen d'une Decime, payée pour les dépenses de la Guerre. Tome I. 9

1320. *Mars.* Ordonnance.

Article X. annulle & révoque toutes les permissions precedentes, qui sont vagues & n'expriment point les sommes payées. Tome I. 15

1521. 16. *Avril.* Lettres en faveur de la Confrairie des Orfévres de Paris. Tome I. 43

1522. *Mars.* Lettres en faveur du Diocese de Paris. Tome I. 47

1547. 8. *Mars.* Lettres d'Henry II. en consequence de celles de François Premier de 1522. portant Amnistie general. Tome I. 57

1548. 2. *May.* Lettres pour la verification dudit Amnistie general. Tome I. 62

Letres d'Amortissement revoquées.

1551. *May.* Lettres en faveur du Diocese de Sens, en payant 21000. livres, Tome I. 66

1575. *Mars.* Lettres d'Henri III. en faveur du Clergé general. Tome I. 91

1634. 20. *Juillet.* Arrest de la Chambre des Comptes, qui ordonne que les Lettres d'Amortissement pour acquisitions faites, seront registrées. Tome I. 160

1646. *Juillet.* Lettres Patentes, Amortissement general. Tome I. 292

1654 4. *Mars.* Declaration pour le Sceau des Lettres d'Amortissement. Tome I. 328

1701. *Mars.* Lettres Patentes qui déchargent les Gens de Main-morte, de prendre des Lettres d'Amortissement. Tome II. 391

1705. 16. *Juin.* Declaration qui amortit en faveur du Clergé, tous les Biens & Rentes dont les Droits ont été payés. Tome II. 458

LETTRES D'AMORTISSEMENS REVOQUEES,

1320. Ordonnance de Philippe V. dit le Long.

Lettres d'Amortissement révoquées.

Article X. Si quelqu'un prétend avoir obtenu de lui ou de ses Predecesseurs des Lettres d'Amortissement, & les Finances mal payé, il n'y sera eu aucun égard, jusqu'à ce qu'elles ayent été approuvées par la Chambre des Comptes. Tome I. 15

1549. 19. *May.* Ordonnance d'Henry second. Tome I. 63
Sans avoir égard aux Lettres ci-devant obtenuës, les Gens de Main-morte, seront tenus de faire déclaration tant des Biens amortis que non amortis, pardevant les Sieges Presidiaux, de la situation de leurs Eglises, quoique les Biens soient situées dans l'étenduë d'autres Bailliages, pour les envoyer aux Commissaires nommés, à l'effet de proceder à la liquidation.

1639. 19. *Avril.* Declaration portant révocation de tous Dons & Lettres sans Finances. Tome I. 176

1674. 6. *Janvier.* Arrest qui ordonne que les Gens de Main-morte qui n'ont point obtenu de Lettres d'Amortissement, ou qui les ont obtenu sans Finances, payeront une année de revenu, exempts de toutes charges. Tome II. 36

1689. 5. *Juillet.* Declaration portant revocation des Lettres données sans Finances, si ce n'est pour les Places sur lesquelles on a construit des Eglises & Logement de Religieux, les Bâtimens construits depuis 1641. dont ils retirent des Loyers, paieront. Tome II. 119

1694. 16. *Fevrier.* Declaration concernant la Franche-Comté, les Lettres obtenuës sans Finance revoquées, à l'exception de la Clôture. Tome II. 281

1700. 9 *Mars* Declaration
Article XVII. Lettres obtenuës sans Finance revoquées. Tome II. 375

1701. *Mars.* Lettres Patentes qui déchargent les Gens de Main-morte de prendre

prendre des Lettres d'Amortissement. Tome II. 39 *Lettres d'Amortissement révoquées.*

19. *Juillet.* Declaration nonobstant la Décharge des redevances portées par les Lettres d'Amortissement, elles seront continuées si elles sont sans Finance. Tome II. 398

1704. 4. *Octobre.* Declaration qui décharge de prendre des Lettres d'Amortissement. Tome II. 439

1705. 16. *Juin.* Déclaration portant Amortissement general, en execution de celle de 1700. Tome II. 458

1722. 24. *Avril.* Arrest portant que les Lettres d'Amortissement n'empêchent point les Droits Seigneuriaux. Tome III. 267

1723. 16. *Fevrier.* Arrest qui condamne les Jacobins de Bergues, à païer les Droits pour une Acquisition faite, nonobstant les Lettres d'Amortissement à eux accordées par les Comtes & Comtesses de Flandres. Tome III. 352

1724. 12. *Decembre.* Arrest qui condamne les Jesuites Ecossois de Doüay, à païer le Droit sur le pied de trois années de revenu, nonobstant les Lettres d'Amortissement par eux obtenuë Tome III. 576

LIQUIDATIONS.

Fixation ou quotité des Droits,

1275. Ordonnance de Philippe III. dit le Bel. Tome I. 1 *Liquidation, Fixation ou quotité des Droits.*

Article III. Il sera payé deux années de la valenr des Fruits par les Acquereurs des Biens, & par ceux qui en joüissent, à cause de Donations sans permission du Roi, dans les Fiefs & Arrieres-Fiefs de la Couronne, depuis 29. années. 2

Article IV. Il sera payé en argent la valeur des Fruits de trois années, pour les autres Terres acquises à quelque titre que ce soit, & même pour les Biens aumônés. 3

Article V. Pour celles situées dans les Alleux, Censives, les Fiefs & Arrieres-Fiefs du Roi, il sera payé une année des Fruits. 3

Et pour les Acquisitions à titres non gratuits, deux années. 3

1291. Ordonnance de Philippe IV. dit le Bel. Tome I. 5

Article II. confirme l'Ordonnance de Philippe III. & regle qu'il sera païé quatre années pour ce qui a été acquis depuis, dans les Fiefs & Censives du Roi. 6

Article IV. Trois années pour ce qui a été acquis dans les Arrieres-Fiefs & Arrieres-Censives. 7

Article V. Six années pour les Acquisitions dans les Fiefs & Censives à titre gratuit. 7

Article VI. Quatre années pour les Acquisitions dans les Arrieres-Fiefs & Arrieres-Censives, à titre non gratuit. 7

Article VII. Si les Acquisitions sont faites à titre gratuit dans les Alleux des Fiefs & Arrieres-Fiefs du Roi, il sera payé l'estimation des Fruits de deux années. 7

Liquidation, Fixation ou quotité des Droits.

Article VIII. Si c'est à titre non gratuit, quatre années. 7

1291. Ordonnance de Philippe IV. dit le Bel.

Article X. Les Taxes ne pourront être diminuées, mais augmentées. Tome I. 8

1320. *Mars.* Ordonnance de Philippe V. dit le Long. Tome I. 11

Article I. Maintient les Acquisitions faites en Languedoc depuis 60. années, en payant six années de Fruits. 12

Article II. Sera payé pour les Acquisitions à titre non gratuit dans les Fiefs & Censives du Roi, la juste valeur des Fonds, ou le prix qui en a été donné, s'il est plus fort. 12

Article III. Sera païé quatre années pour les Acquisitions à titre gratuit dans les Arrieres-Fiefs & Arrieres-Censives du Roy; & pour celles à titre onereux, six années. 13

Article IV. Il sera païé pour les Acquisitions faites dans les lieux où les Eglises ont Basse Justice, trois années. 13

Article V. Sera payé deux années pour les Acquisitions à titre gratuit dans les Fiefs & Arrieres-Fiefs du Domaine, & quatre années pour celles faites à titre onereux. 13.

Article VII. Attendu que les Heritages sont plus chers dans le Languedoc qu'en France, & que les Rentes y sont constituées au Denier vingt, & considerées comme Fonds, il sera païé pour les Acquisitions à titre onereux dans les Fiefs & Censives du Roi, sur le pied du Denier vingt de ce que valent lesdits Fonds, & pour toutes les autres Acquisitions ci-dessus, sera païé le double des autres Provinces de France. 14

1324. 7. *Janvier.* Ordonnance de Charles IV. dit le Bel, ou Instruction. Tome I. 17

Article I. Pour les Acquisitions depuis soixante années, par don ou aumône dans les Fiefs & Censives du Roi, sera païé six années, & en Languedoc dix années, le tout sur le pied de vingt-cinq années des Heritages & Rentes foncieres dont ils joüissent. 18

Article II. Pour ce qui a été acquis par achat ou échange, huit années, & en Languedoc douze. 18.

Article III. Dans les Arrieres-Fiefs & Arrieres-Censives du Roi, par titre d'aumône, trois années, & en Languedoc six. 18

Article IV. Dans les Basses Justices des Eglises deux années, & en Languedoc quatre. 18

Article V. Dans les Alleux des Terres du Roi, Fiefs & arrieres Fiefs, par Dons & Aumônes, six années de l'estimation des Fruits, & en Languedoc dix. 18

Article VI. Par autre Titre que Dons & Aumônes huit années. 18

1326. 18. *Juillet.* Ordonnance de Charles IV. dit le Bel. Tome I. 20

Article I. Sera païé pour les Fonds acquis à titre gratuit, depuis trente annnées deux années, & pour ceux acquis à titre onereux trois. 21

1334. 18. *May.* Remontrances du Procureur du Roi de la Chambre, qui fixe à une année le Droit de nouvel Acquêt, pour les Communautés. Tome I. 153

8. *Juin*. Reglement de la Chambre, qui autorise ladite fixation. Tome I. 158 — *Liquidation, Fixation ou quotité des Droits.*

12. *Juin*. Ordonnance de la Chambre, qui modere le Droit ci-dessus à un quart d'une année. Tome I. 159

1639. 19. *Avril*. Declaration portant qu'il sera païé le tiers du prix des Fiefs & utres Biens Nobles Feodaux, tenus en mouvance du Roi, ou relevans des Seigneurs possedant des Terres & Seigneuries de son Domaine à titre d'Appanage, Doüaire ou autrement. Le cinquiéme pour les Biens en Roture en la Censive du Roi, & pour les Fiefs & Arrieres-Fiefs mouvans des Seigneurs particuliers, en quelque degrés que ce soit. Le sixieme, pour les Terres & autres Biens en roture, étant dans la Censive des Seigneurs particuliers. Tome I. 176

1640. 6. *Octobre*. Arrest portant que les Beneficiers païant Decimes, qui n'ont pas païé l'Amortissement, païeront le sixiéme du revenu de leurs Benefices pendant deux années. Tome I. 224

24 *Octobre*. Declaration pour le païement dudit sixiéme. T. I. 225

1641. 14. *Aoust*. Contrat passé à Mantes entre le Roi & le Clergé, pour la Subvention extraordinaire de cinq Millions cinq cens mille livres. Tome I. 249.

31. *Aoust*. Arrest pour faire païer par l'Ordre de Saint Jean de Jerusalem, la somme de 200000. liv. Tome I. 267

1642. 11. *Janvier*. Arrest, idem. Tome I. 281

1652. 29. *Decembre*. Declaration qui ordonne le Recouvrement, depuis le dernier Decembre 1633. jusqu'au dernier Decembre 1653. suivant la Declaration de 1639. & le nouvel Acquêt, fixé au sixiéme de l'Amortissement. Tome I. 302

1655. *Mars*. Edit qui regle l'Amortissement à un vingtiéme du revenu annuel. Tome I. 347

1658. 20. *Decembre*. Declaration qui confirme les Biens immobiliers aliénés ou échangés par les Ecclesiastiques depuis cent années, à une année de revenu; & ceux alienés au-dessous de vingt-neuf années, une demi année. Tome I. 459

1672. 23. *Mars*. Declaration qui ordonne que les Ecclesiastiques & Gens de Main-morte, qui possedent des Biens, non amortis, païeront une année de revenu pour le Droit de nouvel Acquêt, depuis 1652. Tome I. 562

1673. 12. *Juin*. Arrest qui ordonne le païement du nouvel Acquêt, depuis 1641. à raison d'une année pour vingt années. Tome II. 15

18. *Novembre*. Arrest qui ordonne que les Gens de Main-morte qui n'ont pas païé en execution de l'Edit de Mars 1672. seront taxés à une année de revenu, nonobstant tous Dons & remises, & Lettres d'Amortissement sans Finance. Tome II. 28

1674. 6. *Janvier*. Arrest portant que les Gens de Main-morte, qui n'ont pas obtenu des Lettres d'Amortissement, ou qui les ont obtenu sans finance, payeront une année de revenu des Biens. Tome II. 36.

2. *Juin*. Arrest qui ordonne que les Gens de Main-morte, payeront le nouvel Acquêt, pour les acquisitions ou legs, depuis 1641.

Liquidation Fixation ou quotité des Droits.

sur le pied porté par la Declaration de 1672. Tome II 46

1681. 15. *Janvier.* Arrest qui fixe à deux années de revenu, les acquisitions faites par les Gens de Main-morte du pays d'Artois, depuis soixante ans. Tome II. 98

Premier Fevrier. Arrest qui fixe le Droit de nouvel Acquêt, dans les Villes de Flandres, &c. y, exprimées à trois années de revenu, pour les acquisitions faites depuis 1621. & deux années de revenu des Rentes heritieres, rachetables ou non rachetables, acquises depuis ledit temps, & pour les Hôpitaux la moitié desdites Taxes. Tome II. 102

1686. *Octobre.* Edit portant décharge en faveur des Communautés de Languedoc & Gens de Main-morte dudit Pays, à cause du payement de trois millions, qu'ils ont fait en 1647. & de 150000 livres qu'ils payeront. Tome II. 112

1689. 5. *Juillet.* Declaration portant que les Biens nobles en la mouvance ou Censive du Roy, payeront le tiers; en arrieres-Fiefs, le cinquiéme; en Roture ou Censive des Seigneurs, le sixiéme; & les nouveaux acquêts, à proportion de la joüissance, sur le pied de la derniere taxe, pour les Ecclesiastiques compris au Contrat de Mantes, depuis 1641. & les autres depuis les derniers Amortissemens, accordés le les Bâtimens construits depuis 1641. payeront, quand même ils seroient sur des fonds amortis. Tome II. 119

1690. 11. *Avril.* Arrest qui ordonne que les Droits seront payés sur le pied des Contrats d'acquisition des Biens, & faute de Contrats, sur le pied de l'estimation qui en sera faite. Tome II. 148

6. *May.* Arrest qui ordonne que les Jacobins du Fauxbourg Saint Germain, payeront les Droits des Maisons qu'ils ont fait bâtir, à raison du denier vingt-deux, sur le pied des Baux, ou suivant l'estimation, y compris l'emplacement. Tome II. 152

6. *May.* Arrest qui condamne les Chanoines de Saint Honoré, sur le pied du denier vingt-deux, comme dessus, à la déduction du quart pour les fonds amortis, le tout pour nouvelle construction, depuis 1641. & à l'égard des anciennes Maisons, Echoppes & Boutiques bâties avant ladite année, ils payeront le même Droit. Tome II. 156

1619. 23. *Janvier.* Arrest qui fixe le Droit dans la Province de Roussillon, sur le pied du quatriéme. Tome II. 178

21. *Aoust.* Arrest qui remet aux Ecclesiastiques, Curez, Titulaires des Prestimonies, Obits & Chapelles, le tiers de l'Amortissement & nouvel Acquêt; aux Fabriques des Villes, le cinquiéme; & aux Fabriques & Confréries des Eglises rurales, le quatriéme. Tome II. 185

1695. 22. *Novembre.* Declaration qui fixe à trois années, les Biens possedés par les gens de Main-morte en Flandres, Haiault & Artois, & pour les Hôpitaux desdits pays, à une année & demi. Tome II. 355

1700. 9. *Mars.* Declaration. Tome II. 366

Article V. Pour les Biens nobles mouvans du Roi possedés, par les

Ecclesiastiques & Gens de Main-morte, fixés au tiers du prix de l'acquisition ou de la juste valeur d'iceux, pour les Biens en Roture, dans la Censive du Roi, au cinquiéme. Pour les Biens Nobles mouvans du Roi, en arriere-Fiefs, au cinquieme, Pour ceux en Roturre, dans la Censive des Seigneurs, au sixiéme. *Liquidation, Fixation ou quotité des Droits.*

1700. 9. *Mars.* Declaration. Tome II. 366

Article V. pour le nouvel Acquêt, sur le pied d'une année de revenu pour vingt de jouissance.

Article VI. Pour les Fiefs & Biens nobles possedés ou acquis par les Ecclesiastiques du Comté de Bourgogne, cinq années du revenu.

Pour ceux possedés en Roture, trois années.

Article VII. Dans les Pays de Flandres, Hainault & Artois, trois années, sans distinction de la qualité des Biens, & pour les Hôpitaux, une année & demi.

1702. 6. *Juillet* Declaration portant que le Droit sera payé, conformément à celle du 5. Juilet 1689. pour les nouvelles constructions, à la déduction du tiers. Tome II. 413

1704. 4. *Octobre.* Declaration pour l'execution de celle du 16. Juillet 1702. & de celle du 9. Mars 1700. fixe le Droit au sixiéme du principal, les Rentes à prix d'argent, ordonne le payement du sol pour livre, des sommes ausquelles ils auront été ou seront taxés. T. II. 439

1705. 10. *Fevrier.* Arrest qui condamne les Magistrats de Dunkerque, à payer le Droit d'une Maison par eux acquise, pour l'établissement d'un Hôpital, sur le pied d'une année & demi de revenu. T. II. 453

11. *Août.* Arrest qui ordonne que les Droits seront payés, sur le pied du quart en Roussillon. Tome II. 460

1706. 9. *Mars.* Declaration qui modere à deux années de revenu, les rentes constituées à prix d'argent, au profit des Gens de Mainmorte Tome II. 473

25. *May.* Arrest qui ordonne que les réputés immeubles, payeront sur le pied de deux années, suivant la Déclaration ci-dessus. Tome II 478

1708. 9. *Octobre.* Arrest qui condamne les Religieux de Saint Acheul, près Amiens, à payer le Droit pour un fond dans lequel ils sont rentrés, sur le pied du sixiéme de la valeur, conformément à la Declaration du 4. Octobre 1704. Tome II. 508

1709. 10. *Decembre.* Arrest qui ordonne que le Droit sera payé, pour une Maison bâtie sur un fond amorti, & donné à vie à un particulier, suivant la Declaration du 16. Juillet 1702. Tome II. 513

1710. 5. *Aoust.* Arrest qui ordonne le payement du Droit, pour une Justice alienée, à charge de rente, dans laquelle on est rentré. Tome II. 529

1715. 18. *Juin.* Arrest qui condamne les Religieux de Saint Martin des Champs, à payer le Droit pour les Maisons par eux construites dans leur Clos. Tome II. 593

2. *Juillet.* Arrest qui confirme le précedent. Tome II. 596

1719. 16. *Janvier.* Arrest qui condamne les Religieuses de l'Hôtel-Dieu, de S. Joseph, & Saint Julien de la Val, au payement des Droits pour les biens par eux acquis. Tome III. 76

Liquidation, Fixation ou quotité des Droits.

1719. 7. *Fevrier.* Arrest qui condamne les Religieuses Hospitalieres de Caën, à payer pour une Maison par elles acquise, pour joindre à leur mense, qui est separée de celle de l'Hospitalité. Tome III. 83

28. *Fevrier.* Arrest qui ordonne le payement, pour une rente donnée à charge de fondation, dont le fond sujet à ladite rente a été donné à un Hôpital. Tome III. 88

2. *May.* Arrest qui condamne les Habitans du Saint Esprit à payer les Droits pour l'acquisition par eux faite; destinée à bâtir des Casernes. Tome III. 113

Premier Decembre. Arrest portant que le Droit sera payé, pour les nouvelles constructions sur des anciens Bâtimens, lorsqu'ils auront une plus grande élevation, à proportion de l'augmentation de loyer. Tome III. 139

Premier Decembre. Arrest qui condamne le Prevôt de l'Eglise de Barjols, à payer le Droit d'une Maison leguée à lui & à ses successeurs, pour logement. Tome III. 142

1721. 20. *Juin.* Arrest qui ordonne le payement, pour nouvelles constructions sur un fond amorti. Tome III. 174

11. *Juillet.* Arrest qui ordonne le payement en especes d'argent, pour une fondation chargée d'emploi, & remboursée en Billets de Banque. Tome III. 185

11. *Juillet.* Arrest qui ordonne le payement pour une Dixme leguée à une Fabrique. Tome III. 186

18. *Juillet.* Arrest qui ordonne le payement, pour des rentes acquises du Roi à titre d'alienation. Tome III. 188

29. *Juillet.* Arrest qui ordonne le payement des Droits pour une rente leguée à un Chapitre, dont le fond appartient à un Hôpital. Tome III. 191

1722. 14. *Juillet.* Arrest qui ordonne le payement, pour une Maison jointe à une Clôture. Tome III 290

1723. 12. *Janvier.* Arrest qui ordonne le payement, pour des heritages acquis des deniers provenans de la vente d'un Bien amorti. Tome III 340

16. *Fevrier.* Arrest qui condamne les Jacobins de Bergues-saint-Vinoc, à payer les Droits pour l'acquisition faite en 1718. nonobstant les Lettres d'Amortissement des Comtes & Comtesses de Flandres. Tome III. 352

8. *Mars.* Arrest qui ordonne le payement du Droit d'une Maison, pour joindre à un Hôtel de Ville, acquise par remplacement d'un fond amorti. Tome III. 360

8. *Mars.* Arrest qui ordonne le payement, pour une Maison acquise pour augmentation de Clôture. Tome III. 363

12. *Avril.* Arrest qui ordonne le payement pour de nouvelles constructions, au lieu d'anciens Bâtimens. Tome III. 376

26. *Avril.* Arrest qui ordonne que le Droit sera payé, pour une fondation acceptée, sans avoir égard à une renonciation posterieure. Tome III. 382

26. *Avril.* Arrest qui ordonne le payement, à raison du denier

vingt-cinq, pour une acquisition faite en 1720. de terrage & rente en grains. Tome III. 390

Liquidation, Fixation ou quotité des Droits.

1723. 24. *May.* Arrest qui ordonne le payement, pour des fonds acquis de deniers provenans de remboursement de rentes constituées. Tome III. 396

7. *Juin.* Arrest qui ordonne le payement pour nouvelles constructions en Flandres, faites en l'année 1719. à la déduction du tiers, pour le fond amorti. Tome III. 405

30. *Aoust.* Arrest qui ordonne le payement, pour deux Contrats de rente sur les Aydes, donnés pour cause de fondation. T. III. 437

7. *Decembre.* Arrest qui ordonne le payement, pour deniers donnés à charge de fondation, quoiqu'il n'y ait pas de stipulation d'emploi. Tome III. 472

1724. 11. *Janvier.* Arrest portant que les Droits sont dûs pour les donations de Biens, dont les Donateurs se sont reservé l'usufruit Tome III. 496

15. *Fevrier.* Arrest qui ordonne le payement pour les échanges faits entre les Beneficiers Titulaires dans une même Eglise. T. III. 498

22. *Fevrier.* Declaration portant que les retraits des Baux amphitheotiques, avant ou après l'expiration d'iceux, doivent payer pour les améliorations. Tome III. 507

23. *May.* Arrest contre la Communauté de Callas, pour raison de Pensions & Rentes Seigneuriales rachetées. Tome III. 515

23. *May.* Arrest contre les Habitans de Bayeux, pour les Casernes. Tome III. 524

30. *May.* Arrest pour le payement du Droit, à cause de nouvelles constructions. Tome III. 526

6. *Juin.* Arrestqui ordonne le payement du Droit, par un Hôpital, pour la fondation d'un Chapelain, faite audit Hôpital. T. III. 530

4. *Juillet.* Arrest qui condamne les Jesuites du Noviciat de Paris, à payer pour bâtimens, qu'ils ont fait construire dans l'enceinte de leur Clôture. Tome III. 543

11. *Juillet.* Arrest qui ordonne le payement, pour une somme leguée à titre de fondation, dont l'emploi a été fait pour acquitter les dettes d'une Communauté, par le remboursement d'une rente. Tome III. 545

17. *Octobre.* Arrest portant qne le Droit d'une somme leguée à une Communauté d'un lieu, à prendre sur le prix d'une Terre située dans un autre, est dû au Fermier du lieu de laCommunauté. Tome III. 549

17. *Octobre.* Arrest qui ordonne le payement des Droits, par les Filles de la Croix établies à Chabli, ordonne en outre que les Gens de Main-morte payeront les Droits d'Aydes des Vins provenans de leurs vignes non amorties, & ne joüiront des exemptions sur les Vins, qu'en justifiant du paîement des Droits d'Amortissement & d'Indemnité. Tome III. 552

17. *Octobre.* Arrest qui condamne un Curé au paîement du Droit, pour un Bien donné pour Fondation, quoique la Donatrice s'en soit reservé l'usufruit. Tome III. 562

Liquidation, Fixation ou quotité des Droits.

1724. 21. *Novembre.* Declaration qui fixé ce qui doit être païé par les Gens de Main-morte, pour les Biens qu'ils acquierent par Vente, Dons ou autrement.

Article I. Dans la mouvance du Roi ou des Seigneurs, le cinquiéme de leur Revenu Fiefs, & le sixiéme de ceux en Roture.

Article II. Dans la mouvance ou Censive du Roi, outre l'Amortissement, le Droit d'Indemnité sur le pied fixé par les Coûtumes & usages des lieux.

Article III. Dans l'étenduë des Hautes Justices du Roi, l'Indemnité sera païée au dixiéme de la somme qui seroit dûë, si les Biens étoient dans la mouvance du Roi.

Article IV. L'Amortissement & l'Indemnité n'empêcheront pas de païer les Droits Seigneuriaux, & de donner homme vivant & mourant.

Article V. Pour tenir lieu du Droit d'Indemnité, il sera payé annuellement des Rentes foncieres au Domaine au Denier trente, de la somme à quoi monte l'Indemnité suivant les Coûtumes; défense de le païer autrement, & aux Fermiers de le recevoir.

Article IX. Dans les Domaines d'Appanage ou engagement, les Appanagistes ou Engagistes, joüiront de ladite Rente. T. III. 568

12. *Novembre.* Arrest qui condamne les Jesuites Ecossois de Doüay, de paier les Droits sur le pied de trois années du Revenu, nonobstant les Lettres d'Amortissement. Tome III. 576

1725. 17. *Avril.* Arrest qui juge que le Droit est dû pour une somme donnée pour Fondation sans stipulation d'employ, quoique la somme ait été remboursée & employée à l'acquit d'une Rente que l'Eglise devoit. Tome III. 593

25. *Avril.* Arrest qui condamne à païer le Droit pour une Fondation, dont les Deniers ont été employés à la construction d'une Maison pour laquelle l'Amortissement a été païé, attendu que les Quittances étoient sous Signature privée. Tome III. 595

15. *May.* Arrest qui condamne la Communauté de Tarascon, au païement du Droit pour une Maison acquise pour les Casernes. Tome III. 602

25. *Septembre.* Arrest qui juge que l'Amortissement est dû, nonobstant l'usufruit donné à une tierce personne, & qu'on est tenu d'accepter ou renoncer au Legs, sans attendre le decès de l'Usufruitier. Tome III. 609

1726. 22. *Janvier.* Arrest qui juge que le Droit est dû pour une Fondation, dont on ne peut joüir qu'après la mort du Donateur. Tome III. 612

5. *Fevrier.* Arrest qui juge que le Droit est dû pour Fondation, sans stipulation d'employ. Tome III. 617

12. *Fevrier.* Arrest qui ordonne le païement pour une Créance cedée par une Communauté, sur une Succession, à la charge de païer une Rente qui demeurera affectée sur les Fonds qui viendront de ladite Succession. Tome III. 620.

12. *Mars.* Arrest portant que le Droit est dû pour une Fondation sans stipulation d'employ. Tome III. 622

19. *Mars.*

1724. 19. *Mars.* Arrest portant que le Droit est dû pour une somme mobiliaire, & une rente sur l'Hôtel-de-Ville de Paris, donnée pour Fondation & pour avoir soin des Pauvres d'une Paroisse. T. III. 624

Liquidation, Fixation ou quotité des Droits.

16. *Avril.* Arrest portant que le Droit est dû pour une Maison acquise & jointe à la Clôture à moitié. Tome III. 627

4. *Juin.* Arrest portant que le Droit est dû pour des Biens abandonnés à un Chapitre pour Fondation, quoiqu'ils fussent tenus dudit Chapitre par Bail amphitheotique. Tome III. 630

9. *Juillet.* Arrest qui ordonne le Païement des Droits d'une Maison acquise pour servir d'Hôpital. Tome III. 633

10. *Septembre.* Arrest portant que le Droit est dû pour une Fondation sans stipulation d'employ. Tome III. 636

3. *Decembre.* Arrest qui condamne un Hôpital au Païement des Droits, pour des Biens qui lui ont été donnés, à la charge de differentes Fondations. Tome III. 642

17. *Decembre.* Arrest qui ordonne le Païement du Droit pour un Legs fait en Deniers, pour Fondation. Tome III. 646

17 *Decembre.* Arrest qui juge que les Droits sont dûs pour des Fonds acquis de Deniers procedant de Rente amortie, qui n'ont pas été employés en pareille nature de Rente. Tome III. 650

31 *Decembre.* Arrest portant que le Droit est dû pour l'abandonnement fait à une Communauté, d'une Rente de Constitution qu'elle devoit à charge de Fondation. Tome III. 655

1727. 14. *Janvier.* Arrest qui juge que le Droit est dû pour nouvelles constructions sur un Fond amorti, sur le pied du capital des Loyers qui pourront être retirés, dont l'estimation sera faite. Tome III. 663

LIQUIDATION.

Heritiers condamnés à payer le Droit.

Liquidation, Heritiers condamnés à payer le Droit

1690. *Premier Septembre.* Arrest du Parlement. Tome II. 164

1712. 7. *Juin.* Arrest qui ordonne que le Payement sera fait par les Legataires, pour une Fondation faite pour les Pauvres Malades. T. II. 556

18. *Octobre.* Arrest qui confirme le précedent. Tome II. 558

1717. 9. *Avril.* Arrest du Parlement de Toulouse, qui condamne les Heritiers des Fondateurs à païer. Tome III. 31

1718. 7. *Septembre.* Arrest du Parlement de Toulouse, qui condamne les Heritiers d'un Testateur, à païer l'Amortissement d'un Legs. Tome III. 62

NATURE DES BIENS, REVENUS ET RENTES, assujettis aux Droits.

Liquidation, Natures des Biens, Revenus & Rentes assujettis aux Droits.

1692. 11. *Octobre.* Arrest qui déclare les Fonds de Terre, Rentes Foncieres possedées à titre d'achat ou Retrait, les Heritages, Fonds de Terre,

Liquidation; Natures de Biens, Revenus & Rentes, assujettis aux Droits.

Rentes Foncieres, & autres Biens donnés pour Fondation; & les Rentes constituées par Dons, Legs, ou pour sûreté de Fondation. Tome II. 207

1693. 15. *Decembre.* Arrest, les Biens acquis depuis 1600. par les Communautés Hospitalieres de l'un & l'autre sexe, les Rentes constituées par Dons & Legs, ou pour sûreté de Fondation, qui ne servent point à entretenir l'Hôspitalité. Tome II. 273

1704. 4. *Octobre.* Declaration. Rentes constituées à prix d'argent, à raison d'une année de revenu, pour vingt années de joüissance. T. II. 439

LIQUIDATION.

Permission aux Communautés de vendre ou aliener partie de leurs Biens, pour le Payement des Taxes.

Liquidation, Permission aux Communautés de vendre ou aliener partie de leurs Biens, pour le Payement des Taxes.

1640. 27. *Fevrier.* Ordonnance de la Chambre. Tome I. 212

1690. 21. *Fevrier.* Arrest. Tome II. 136

12. *Decembre.* Arrest. Tome II 169

1692. 26. *Fevrier.* Arrest pour faire rapporter les Contrats de Vente ensaisinés, & pour les faire homologuer au Conseil. Tome II. 191

1700. 21. *Septembre.* Arrest qui ordonne que les Gens de Main-morte en Flandres qui ont vendu, feront homologuer les Contrats. Tome II. 387

LIQUIDATION.

SOMMES PAYE'ES PAR PROVISION.

Liquidation, Sommes payées par provision.

1640. 19. *Juin.* Ordonnance de la Chambre, portant qu'il sera payé la moitié des Taxes. Tome I. 206

ORDONNANCES ET REGLEMENS GENERAUX pour le Recouvrement.

Ordonnances & Reglemens generaux pour le Recouvrement.

1275. Ordonnance de Philippe. III. dit le Hardy. Tome I. 1

1277. Ordonnance du même Roi, concernant le pouvoir de l'Archevêque de Reims & des Evêques Pairs, pour amortir. Tome I. 5

1291. Ordonnance de Philippe IV. dit le Bel, en execution de celle de Philippe III. Onze Articles. Tome I. 5

1303. Autre Ordonnance du même Roi, adressée à l'Evêque d'Amiens. Tome I. 9

1320. *Mars.* Ordonnance de Philippe V. dit le Long, sur la maniere de percevoir les Droits, en dix Articles. Tome I. 11

1324. 7. *Janvier.* Ordonnance de Charles IV. dit le Bel, sous le Titre d'instructions, pour la perception des Droits, en 10 Articles. T. I. 17

1325. 7. *Janvier.* Ordonnance Latine du même Roi, en interpretation des

précedentes, en quatre articles. Tome I. 19

1526. 18. *Juillet*. Autre du même Roi, en trois Articles. Tome I. 20

1520. 15. *Octobre*. Lettres Patentes de François I. pour la levée des Droits. Tome I. 38

1609. 2. *Avril*. Lettres Patentes d'Henry IV. pour la recherche depuis Charles IX. Tome I. 103

1639. 19. *Avril*. Declaration de Loüis XIII. dit le Juste, qui ordonne la recherche depuis 1520. pour les Biens amortis sans finance. T. I. 176

30. *May*. Ordonnance des Commissaires, servant de Reglement. Tome I. 187

1640. 24. *Octobre*. Declaration Tome I. 225

1641. 26. *Fevrier*. Bail servant de Reglement. Tome I. 232

24. *Juillet*. Lettres Patentes en consequence du Contrat de Mantes. Tome I. 243

1652. 29. *Decembre*. Declaration de Loüis XIV. qui ordonne le recouvrement sur les Beneficiers non payant Decimes. Tome I. 302

1653. 2. *Juin*. Arrest de la Chambre, portant Reglement pour l'execution de la Declaration ci-dessus. Tome I. 318

6. *Septembre*. Arrest, sans avoir égard à l'Arrest du Parlement de Roüen du 21. Juillet 1653. il sera passé outre au recouvrement. Tome I. 323

6. *Septembre*. Arrest, la Declaration executée en Normandie. Tome I. 326

1655. *Mars*. Edit qui ordonne la perception annuelle. Tome I. 347

1686. *Octobre*. Edit concernant le Droit & celui d'indemnité dûs par les Communautés & Gens de Main-morte en Languedoc. Tome II. 112

1689. 5. *Juillet*. Edit. Tome II. 119

1691. 23. *Janvier*. Arrest qui distrait de la Ferme du Domaine le Droit d'Amortissement dans le Païs de Roussillon. Tome II. 178

1694. 16. *Fevrier*. Declaration pour le Comté de Bourgogne. T. II. 281

1695. 22. *Novembre*. Declaration pour les Provinces de Flandres, Hainault & Artois. Tome II. 335

1700. 9. *Mars*. Declaration. Tome II. 366

1701. 19. *Juillet*. Declaration qui ordonne que les Gens de Main-morte, continuëront de payer les redevances, dont les biens amortis sont chargés. Tome II. 398

1702 16. *Juillet*. Declaration. Tome II. 413

Premier Aoust. Arrest servant de Reglement pour l'enregistrement des Contrats & Actes, par les Receveurs des Domaines, & leurs Droits. Tome II. 418

1708. *May*. Edit. Tome II. 495

1709. 31. *Decembre*. Declaration. Tome II. 521

1710. 18. *Mars*. Arrest qui ordonne que les Receveurs generaux des Domaines, percevront les deux sols pour livre. Tome II. 526

Septembre. Edit portant qu'il sera fait Bail. Tome II. 531

1719. *Avril*. Edit qui attribuë à l'Ordre de Saint Loüis, les deux sols pour livre. Tome III. 95

Premier Juillet. Arrest pour l'Enregistrement dudit Edit. T. III. 120

Ordonnances & Reglemens generaux pour le Recouvrement.

Ordonnances & Reglemens generaux pour le Recouvrement.

1719. *Premier Decembre.* Arrest portant Reglement pour les nouvelles constructions. Tome III. 139

1721. 8. *Mars.* Sentence pour le payement des deux sols pour livre à l'Ordre de Saint Loüis. Tome III. 167

1724. 22. *Fevrier.* Declaration pour les Biens alienez dans lesquels les Gens de Main-morte rentreront &c. Tome III. 507

21. *Novembre.* Declaration portant nouveau Reglement pour la fixation du Droit, & de celui d'indemnité. Tome III. 568

1725. *Juin.* Edit portant que la recette des Droits, sera faite par les Receveurs generaux des Domaines; & leur attribuë les deux sols pour livre. Tome III. 603

TABLE
DES PRINCIPALES MATIERES
CONCERNANT
LES DROITS DE FRANC-FIEFS.

ATTRIBUTION DE JURISDICTION.

Attribution de Jurisdiction.

1320. 6. *May* MANDEMENT au Senechal de Baucaire, de faire une recherche dans sa, Senechaussée de toutes les Eglises qui ont fait acquisition dans les Fiefs & Arrieres-Fiefs, & aussi de personnes non nobles, sans permission du Roy. Tome I. 16

1520. 15. *Octobre.* Lettres Patentes portant commission pour l'audition, examen & clôture des comptes des Commis à la recette des Franc-Fiefs. Tome I. 38

1571. 5. *Septembre* Lettres Patentes portant commission pour faire proceder à la taxe & liquidation des Droits. Tome I. 82

1575. *Premier Aoust.* Lettres Patentes portant évocation au Conseil Privé des procès mûs & à mouvoir contre les Ecclesiastiques &c. Tome I. 95

1577. 25. *Aoust.* Lettres Patentes tendantes à même fin. Tome I. 97

1609. 2. *Avril.* Lettres Patentes qui nomment des Commissaires pour la liquidation des Droits. Tome I. 103

1610. 18. *Juin.* Lettres Patentes portant pouvoir aux Commissaires de taxer &darrêter les Rolles. Tome I. 109

1613. 22. *Octobre.* Lettres Patentes qui nomment des Commissaires. T. II. 119

Attribution de Jurisdiction.

1633. 13. *Aoust.* Lettres Patentes qui nomment des Commissaires. Tome I. 138

1634. 9. *May.* Reglement des Commissaires, qui attribuë à la Chambre du Tresor, la connoissance pour le ressort de la Prevôté & Vicomté de Paris, & aux autres Juges, chacun dans leur ressort. Tome I. 142

4. *Aoust.* Arrest du Conseil Privé, portant renvoy devant les Commissaires, de la Requête du Clergé. T. I. 65

1639. 21. *May.* Lettres Patentes qui nomment des Commissaires pour la recherche depuis 1520. pour les Amortissemens sans finance. T. I. 183

1652. 10. *Decembre.* Lettres Patentes qui établissent une Chambre pour la recherche des Droits, & nomment des Commissaires. Tome I. 311

1653. 6. *Septembre.* Arrest qui deffend au Parlement de Roüen de surseoir & empêcher l'execution de la Declaration du Roy du 29. Decembre 1652. Tome I. 326

1654. 10. *Octobre.* Lettres Patentes qui nomment des Commissairespour la Normandie. Tome I. 339

1657. 19. *Juillet.* Arrest qui commet des Juges pour plusieurs Generalités & Villes. Tome I 391

19. *Novembre.* Lettres Patentes portant commission pour l'execution de la Declaration du 27. Aoust 1657. Tome I. 399. 407.

1658. 6. *Juin.* Arrest qui évoque toutes les instances des Commis, Sergens & autres, employés au Recouvrement ; & les renvoye aux Requêtes de l'Hôtel, & par appel au Parlement. Tome I. 435

24. *Octobre.* Arrest qui attribuë à la Chambre Souveraine les oppositions formées au Parlement de Paris. Tome I. 448

1659. 27. *Mars.* Arrest qui renvoye les Habitans de Montdidier & de Roye devant les Commissaires. Tome I. 466

18. *Juin.* Arrest qui annulle les Lettres en forme de Requête civile, surprises par les Maires du Mans, Angers & autres. Tome I. 471

23. *Juillet.* Arrest de renvoy à la Chambre, contre les Maire & Echevins d'Orleans. Tome I. 478

18. *Septembre.* Arrest pareil, contre les Habitans de Montdidier & Roye. Tome I. 480

23. *Octobre.* Arrest pareil, contre les Habitans d'Amiens. T. I. 482

26. *Novembre.* Autre, Idem, contre les Habitans de Montdidier & Roye. Tome I. 487

1660. 21. *Avril.* Arrest contre un Habitant de la Ville d'Angers. Tome I. 490

29. *Avril.* Arrest qui ordonne que les contestations pour les Taxes, seront jugées par la Chambre, & renvoye au Parlement, les condamnations Criminelles, pour peines afflictives. Tome. I. 492

29. *Avril.* Autre Arrest de renvoy contre les Habitans de la Province d'Auvergne. Tome I. 494

30. *Juin.* Arrest de renvoy à la Chambre, contre les Habitans de la Ville d'Angers. Tome I. 504

1. *Septembre.* Arrest qui défend aux Habitans de la Ville du Mans, de proceder ailleurs qu'à la Chambre. Tome I. 512

1660. 22. *Septembre.* Autre Arrest contre les Habitans de la Ville de Chartres, & autres Villes Privilegiées. Tome I. 516

Attribution de Jurisdiction.

6. *Octobre.* Arrest qui décharge les Ecclesiastiques, & défend à la Chambre d'en connoître. Tome I. 520

21. *Octobre.* Arrest qui défend aux Maires & Echevins, de se pourvoir ailleurs qu'au Conseil ou à la Chambre. Tome I. 522

9. *Novembre.* Autre à même fin, contre les Habitans d'Angers. Tome I. 525

1661. 28. *Juillet.* Autre, contre les Habitans de la Ville du Mans. Tome I. 536

1662. 12. *Janvier.* Arrest portant renvoy aux Requêtes de l'Hôtel, pour faire le Procès à plusieurs Particuliers de la Ville du Mans. Tome I. 542

12. *Janvier.* Arrest contre plusieurs Particuliers de la Province de Poitou. Tome I. 544

1672. 10. *May.* Arrest portant Commission pour instruire des contestations. Tome I. 569

1674. 13. *Janvier.* Arrest qui ordonne que les Saisies Réelles, seront poursuivies aux Requestes de l'Hôtel. Tome II. 37.

21. *Juillet.* Arrest qui ordonne que l'execution des Contraintes, sera suivie aux principaux Bailliages, ou dans les Bureaux des Finances. Tome II. 52

11. *Aoust.* Arrest portant défense aux Avocats du Conseil, d'instruire les Affaires ailleurs que devant les Commissaires. Tome II. 53

1675. 24. *May.* Arrest portant que les Intendans iront dans les Elections, pour arrêter les Etats du Recouvrement, & faire le Procés à ceux qui auront commis des malversations. Tome II. 64

1677. 13. *Fevrier.* Arrest qui ordonne que les Biens saisis, seront vendus devant les Baillifs & Senechaux. Tome II. 85

1679. 7. *Janvier.* Arrest portant défense aux Redevables, de se pourvoir devant les Intendans. Tom II. 93

1689. 10. *Septembre.* Arrest qui nomme des Commissaires pour les Droits d'Amortissement & Franc-Fiefs. Tome II. 127

1692. 21. *Octobre.* Arrest qui nomme des Commissaires. Tome II. 210

1695. 18. *Octobre.* Arrest qui ordonne que les Intendans arrêteront les Etats de la Recette des Commis. Tome II. 334

1708. *May.* Edit d'attribution de Droits & de la connoissance des Franc-Fiefs, aux Offices des Bureaux des Finances. Tome II. 495

1709. *Novembre.* Edit d'attribution aux Officiers de la Chambre des Comptes de Bretagne, pour la liquidation des Droits de ladite Province. Tome II. 513

1710. 4. *Novembre.* Arrest qui attribuë la connoissance des Oppositions aux Contraintes à Messieurs les Intendans, sauf l'Appel au Conseil. Tome II. 537

1718. 11. *May.* Arrest qui reçoit le Fermier opposant à un Arrest obtenu au Conseil Privé, sauf à se pourvoir au Conseil de Finance. Tome III. 49

24. *May.* Arrest qui ordonne que les Rolles seront executés, sauf

Attribution de Jurisdiction. aux Maires & Echevins à se pourvoir au Conseil. Tome III. 51
1718. 30. *Juillet*. Arrest qui ordonne que l'Appel des Ordonnances des Intendans, ne pourra être porté au Conseil Privé, &c. T. III. 55.
1719. 27. *Janvier*. Arrest qui décharge les Baux de l'Enregistrement dans les Bureaux des Finances. Tome III. 81
18. *Juillet*. Arrest qui évoque au Conseil des Finances, les Poursuites faites en la Cour des Aydes. Tome III. 121
1721. 30. *Septembre*. Arrest qui défend aux Officiers de la Chambre des Comptes de Nantes, de connoître des contestations. Tome III. 209

EXEMPTS, PRIVILEGES RE'VOQUE'S, & Condamnations contre les prétendus Privilegiés.

Exempts, Privileges revoqués, & condamnations contre les prétendus Privilegiés.
1275. Ordonnance de Philippe III. dit le Hardi. Tome I. 1
Article VI. Les non-Nobles qui auront acquis des Biens Feodaux, ne seront pas inquietés, en faisant par eux service competant.
1371. 9. *Aoust* Ordonnance de Charles V. qui declare que les Bourgeois de Paris, peuvent tenir franchement Fiefs & arrieres-Fiefs, & joüir du fait de Noblesse. Tome I. 23
1490. Lettres Patentes portant confirmation de la décharge des Droits de Franc-Fiefs, nouveaux Acquêts, & de nouvel Avenement, accordé par Loüis XI. par ses Lettres des mois de Novembre 1465. & Juillet 1466. en faveur des Ducs de Bourbon, dans le Bourbonnois, l'Auvergne, & autres Pays qui y sont rapportés. Tome I. 25
1571. 30. *Octobre*. Declaration de Charles IX. portant décharge en faveur du Clergé, païant Decimes. Tome I. 87
1572. *Premier Avril*. Ordonnance des Commissaires en faveur du Clergé, des Parlemens de Paris, Dijon & Roüen, en conformité de la precedente Declaration. Tome I. 89
1575. *Mars*. Edit d'Henry III. en faveur du Clergé païant Decimes, portant décharge de donner aucun Aveu ni Dénombrement. Tome I. 91
1577. *Premier Aoust*. Lettres Patentes portant surséance, tant pour les Franc-Fiefs, que pour les Droits Seigneuriaux en faveur du Clergé. Tome I. 95
25. *Avril*. Autre à même fin. Tome I. 97
1606. 9. *Decembre*. Lettres Patentes d'Henry IV. portant confirmation des exemptions du Clergé. Tome I. 100
1609. 11. *Juillet*. Ordonnance des Commissaires, portant décharge au Clergé payant Decimes, de donner déclaration. Tome I. 108
1618. 21. *Juillet*. Arrest de main-levée en faveur de l'Université de Paris. Tome I. 125
1623. 7. *Aoust*. Arrest en faveur des Beneficiers, Maladeries, Hôpitaux, Lieux pitoyables & Communautés Ecclesiastiques. Tome I. 127.
1633. 30. *Mars*. Arrest portant décharge en faveur du Clergé, même de rendre foi & hommage, & de donner aucun Aveu & Dénombrement. Tome. I. 129

18 *May*.

Exempts, Privileges revoqués, & condamnations contre les prétendus Privilegiés.

1634. 18. *May.* Ordonnance des Commissaires, en faveur des Habitans d'Abbeville. Tome I. 146
17. *Juin.* Arrest en faveur des Habitans de Beauvais. Tome I. 147
4. *Aoust.* Arrest qui fait main-levée des Saisies faites sur les Revenus des Hôpitaux. Tome I. 165
12. *Aoust.* Arrest en faveur des Habitans de Chartres. Tome I. 148
26. *Aoust.* Arrest en faveur des Habitans d'Amiens Tome I. 148
26. *Aoust.* Arrest en faveur des Habitans de Calais. Tome I. 149.
16. *Septembre.* Arrest en faveur des Habitans de Montargis. Tome I. 149
12. *Octobre.* Arrest en faveur des Habitans de Blois. Tome I. 150
19. *Octobre.* Arrest en faveur des Habitans d'Angers. Tome I. 150
12. *Decembre.* Arrest en faveur des Habitans de Compiegne Tome I. 151
14. *Decembre.* Arrest qui décharge les Hôpitaux, ensemble les Ecclesiastiques, de donner des déclarations. Tome I. 167
1635. 25. *Janvier.* Arrest en faveur des Habitans de Tours. Tome I. 151
12. *Mars.* Arrest en faveur des Habitans de Langres. Tome I. 152
2. *Mars.* Arrest qui décharge les Hôpitaux, &c. Tome I. 169
Premier Septembre. Arrest en faveur des Ecclesiastiques, Beneficiers & Hôpitaux. Tome I. 171
1636. 9. *Fevrier.* Arrest Idem, avec main-levée. Tome I. 173
8. *Mars.* Arrest de la Chambre, qui condamne les Habitans du Perche, à païer pour les Terres hommagées ou Fiefs Boursaux. Tome I. 175
1641. 24. *Juillet.* Declaration qui décharge les Ecclesiastiques du Droit de Confirmation pour l'exemption des Franc-Fiefs, tant de leur Patrimoine & autres. Tome I. 246
29. *Novembre.* Declaration qui décharge les Roturiers du Ban & Arriere-Ban, & de toutes Taxes faites, en payant une année de revenu. Tome I. 274
1645. 9. *Septembre.* Declaration portant décharge generale de plusieurs Droits. Tome I. 290
1647. 18. *Septembre.* Arrest portant que les possedans Fiefs & Locataires d'iceux dans la Ville & Fauxbourgs, seront tenus de rapporter leurs Titres & Baux. Tome I. 298
5. *Decembre.* Autre Arrest à même fin. Tome I. 300
1654. 9. *Septembre.* Arrest de la Chambre, en faveur des Habitans de Tours. Tome I. 330
19. *Septembre.* Arrest en faveur des Habitans d'Orleans. T I. 332
1656. 20 *Juin.* Declaration portant confirmation des Exemptions des Droits de Franc-Fiefs, Ban & Arriere-Ban, accordées aux Villes, Communautés & Particuliers, en payant le vingtiéme Denier de la valeur. Tome I. 365
Premier Aoust. Arrest pour l'execution de la précedente Declaration. Tome I. 369
Novembre. Edit portant permission à perpetuité, aux Roturiers, de posseder Fiefs, &c. en payant deux années de revenu. Tome I. 372

Exempts, Privileges revoqués, & condamnations contre les pretendus Privilegiés.

1657. 28. *Fevrier.* Arrest portant décharge pour les Paroisses Taillables. Tome I. 379
28. *Fevrier.* Arrest portant revocation des Impositions ordonnées par l'Arrest du 23. Novembre 1656. sur les Villes, Bourgs & Lieux, en payant Tome I. 381
17. *May.* Arrest contre plusieurs Villes qui se prétendoient exemptes. Tome I. 383
27. *Aoust.* Declaration portant confirmation d'Exemption en faveur des Villes & Lieux privilegiés, & aux Particuliers qui en joüissent, en payant le vingtiéme de la valeur. Tome I. 393
4. *Septembre.* Arrest en faveur de la Ville de Paris, & autres Villes. Tome I. 399
19. *Novembre.* Lettres Patentes en execution de la Declaration de 1652. portant confirmation de l'Exemption des Droits, en païant le vingtiéme. Tome I. 407
1658. 27. *Janvier.* Arrest de la Chambre, contre un prétendu Noble. Tome I. 421
3. *Avril.* Arrest qui décharge un Ecclesiastique. Tome I. 426
Premier Juin. Arrest portant décharge en faveur de tous les Ecclesiastiques, tant pour leurs Biens propres, que pour leurs Acquisitions. Tome I. 433
3. *Juillet.* Arrest qui surseoit les Poursuites contre les Ecclesiastiques. Tome I. 436
28. *Aoust.* Arrest qui ordonne que les Beneficiers païeront pour leurs Biens de Patrimoine; & maintient les Biens Ecclesiastiques dans l'Exemption. Tome I. 443
Octobre. Edit qui revoque l'Edit de Mars 1655. décharge les possedans Fiefs en païant deux années de revenu, confirme les Habitans des Villes & Lieux, en païant le vingtiéme denier. Tome I. 451
20 *Decembre.* Declaration portant décharge & remise des Droits au-dessus de vingt-neuf années, &c. Tome I. 459
1659. 5. *Juillet* Arrest du Parlement, portant défenses de faire aucunes Poursuites contre les Habitans de la Ville de Meaux & de Vilnoy. Tome I. 477
26. *Novembre.* Arrest qui condamne les Habitans de Montdidier & Roye, & autres Lieux, à païer Tome I. 487
1660. 29. *Avril.* Arrest contre la Province d'Auvergne Tome I. 494
12 *May.* Arrest de la Chambre, contre des Particuliers de la Ville du Mans. Tome I. 497
14. *Juillet.* Arrest contre les Habitans des Villes d'Angers, du Mans & autres. Tome I. 504
14. *Juillet.* Arrest de la Chambre, contre les Habitans de Montdidier & Roye. Tome I. 509
Premier Septembre. Arrest contre les Habitans du Mans, d'Amiens, Abbeville, & autres Villes. Tome I. 516
22. *Septembre.* Arrest contre la Ville de Chartres, & autres Villes. Tome I. 516
12. *Septembre.* Arrest portant moderation des Taxes de la confir-

mation, en faveur de plusieurs Villes. Tome I. 518

1660. 6. Octobre. Arrest en faveur des Ecclesiastiques. Tome I. 520

9. Novembre. Arrest contre les Habitans d'Angers. Tome I. 525

1661. 2. Avril. Arrest portant surseance & revocation. Tome I. 528

28. Juillet. Arrest contre les Habitans du Mans. Tome I. 536

1662. 12. Janvier. Arrest contre plusieurs Particuliers de la Ville du Mans. Tome I. 542

12. Janvier. Arrest contre plusieurs Particuliers du Poitou Tome. I. 544

15. Juillet. Arrest portant décharge en faveur d'un Curé, pour une Fuye sur la porte de son Presbitere. Tome I. 547.

1669. Mars. Lettres Patentes portant confirmation des Privileges des Bourgeois de Paris. Tome I. 553

1672. Mars. Edit de confirmation pour la possession des Fiefs, en païant trois années de revenu. Tome I. 557

23. Mars. Declaration qui confirme l'Affranchissement porté par l'Edit de Novembre 1656. dans les Ressorts du Parlement de Paris & de Roüen, en payant une année de revenu. Tome I. 562

1673. 28. Janvier. Arrest portant confirmation des Privileges des Villes franches, en payant deux années de revenu Tome. II. 4

29. Avril. Arrest de surseance, en faveur des Officiers servans dans les Troupes. Tome II. 13

12. Juin. Arrest pour le païement de nouvel Acquêt par les Gens de Main-morte, & le Droit de Franc-Fief pour les Biens de Patrimoine. Tome II. 15

12. Aoust. Arrest qui décharge du Droit de Franc-Fief les Biens tenus en Franc-Aleu Roturier. Tome II. 26

22. Juillet. Arrest pour faire païer les Moulins, Colombiers, Tries, & Fuyes en Normandie. Tome II. 19

1674. 31. Mars. Arrest qui confirme les Habitans de Dieppe, dans leurs Privileges de Franc-Aleu, en payant. Tome II. 45

7. Avril. Arrest de surseance pour les Officiers servans dans les Troupes. Tome II. 51

1675. 9. Septembre. Arrest qui décharge les Ecclesiastiques, de la contribution pour les sommes imposées dans les Villes. Tome II. 75

1677. 6. Mars. Arrest qui ordonne que les Habitans des Villes franches païeront pour les Biens qu'ils possedent hors la Generalité de leurs residences. Tome II. 86

1692. Aoust. Edit qui confirme l'Affranchissement pour les Possesseurs des Franc-Fiefs, en payant. Tome II. 199

1693. 16. Janvier. Jugement des Commissaires, qui décharge un Bourgeois de Paris. Tome II. 219

28. Mars. Declaration en faveur des Roturiers possedans Fiefs dans le Comté de Bourgogne, par Donations, Testament & Mariage, &c. Tome II. 225

12. May. Arrest qui maintient les Habitans de Roüen dans l'exemption pour les Biens nobles, en payant. Tome II. 237

16. May. Declaration qui déclare la Province de Dauphiné exempte

Exempts, Privileges revoqués, & condamnations contre les prétendus Privilegiés.

Exempts ; Privileges revoqués, & condamnations contre les prétendus Privilegiés.

de toutes recherches en payant. Tome II. 241

1693. 28. *Juillet.* Arrest qui décharge les Habitans de Compiegne, en païant. Tome II. 249

15. *Septembre.* Arrest qui confirme dans l'exemption les Habitans de Poitiers, en payant. Tome II. 253

22. *Septembre.* Arrest qui décharge les Particuliers qui rapporteront des Quittances où les noms des Fiefs ne sont détaillés, en payant. Tome II. 255

13. *Octobre.* Arrest qui décharge les Habitans du Comté de Bourgogne, en païant. Tome II. 259

17. *Novembre.* Arrest en faveur des Habitans de la Ville de Lyon & des Provinces de Lionnois, Forest & Beaujollois, en payant. Tome II. 265

Premier Decembre. Arrest en faveur des Habitans de la Ville d'Angers, en païant. Tome II. 269

1694. 16. *Janvier.* Ordonnance des Commissaires, en faveur d'un Bourgeois de Paris, pour un Fief en Touraine. Tome II. 275

6. *Mars.* Arrest en faveur des Bourgeois & Habitans de la Ville & Fauxbourgs d'Orleans, en payant. Tome II. 288

19. *Mars.* Arrest qui décharge les Porte-Manteaux ordinaires de Sa Majesté. Tome II. 291

23. *Mars.* Arrest qui décharge les Commis des Fermes qui n'ont aucun Bien dans les Villes, de la contribution aux sommes imposées dans lesdites Villes. Tome II. 292

8. *May.* Ordonnance des Commissaires, en faveur d'un Bourgeois de Paris. Tome II. 296

15. *Juin.* Arrest en faveur des Secretaires du Roy, du grand College. Tome II. 299

22. *Juin.* Arrest en faveur des Commis des Fermes. Tome II. 303

22. *Juin.* Arrest en faveur des Gardes de la Porte. Tome II. 305

26. *Juin.* Arrest qui décharge les Moulins à Papier. Tome II. 316

10. *Aoust.* Arrest qui décharge les Gentilshommes servans près du Roy. Tome II. 321

31. *Aoust.* Arrest contre les Bourgeois de Paris. Tome II. 322

14. *Septembre.* Arrest qui décharge les Religieuses de la Visitation. Tome II. 323

1695. 13. *Decembre.* Arrest en faveur des Gentilshommes de la grande Vennerie du Roi. Tome II. 345

1696. 7. *Fevrier.* Arrest en faveur de l'Hôtel-Dieu & des Incurables de Paris. Tome II. 347

13. *Novembre.* Arrest en faveur des Valets de Chambre du Roi. Tome II. 252

1697. 18. *Fevrier.* Arrest en faveur des Valets de Garde-Robbe du Roi. Tome II. 357

30. *Avril.* Arrest en faveur d'un Maître des Comptes. Tome II. 359

1702. 14. *Janvier.* Arrest en faveur des Huissiers de la Chambre & du Cabinet, & des Valets de Chambre de Madame de Bourgogne. T. II. 408

21. *Fevrier.* Arrest qui décharge les Huissiers de la Chambre du Roi. Tome II. 409

Exempts, Privileges revoqués, & condamnations contre les prétendus Privilegiés.

1702. 21. *Mars.* Arrest contre les Habitans de la Ville de Montargis. Tome II. 410

19. *Septembre.* Arrest en faveur d'un Lieutenant des Gardes de la Prevôté de l'Hôtel, & Prevôt General de l'Armée de Flandres, en consideration de ses Services. Tome II. 423

30. *Octobre.* Arrest en faveur des Fourriers de Madame de Bourgogne. Tome II. 425

1704. 29. *Janvier.* Arrest portant décharge pour les Moulins à fouler des Draps. Tome II. 433

29. *Janvier.* Arrest portant Abonnement pour la Ville de Lyon, & les Provinces de Lionnois, Forest & Beaujollois, en païant. Tome II. 434

29. *Avril.* Arrest en faveur des Maîtres d'Hôtel de Monseigneur le Duc d'Orleans. Tome II. 436

1705. *Aoust.* Edit qui revoque les Exemptions attribuées à plusieurs Offices. Tome II. 463

1706. *Septembre.* Edit en explication du précedent. Tome II 481

1711. 5. *May.* Declaration qui accorde la Noblesse aux Syndics des Commissaires des Guerres. Tome II. 544

May. Edit qui attribuë la Noblesse aux Commissaires des Compagnies des Gardes-du-Corps, Mousquetaires, & autres. Tome II. 546

1712. 18. *Octobre.* Arrest contre un Bourgeois de Paris. Tome II. 564

1713. 18. *Avril.* Arrest contre les Habitans de Metz & du Pays Messin. Tome II. 568

25. *Juillet.* Arrest qui confirme les Habitans de la Ville de Chartres dans l'Exemption, en païant. Tome II. 570

1714. 20. *Fevrier.* Arrest contre les Habitans de Bordeaux. Tome II. 573

14. *Aoust.* Arrest qui maintient les Habitans de Chartres, en païant. Tome II. 577

1715. 16. *Fevrier.* Arrest qui confirme les Habitans d'Orleans, en payant. Tome II. 590

Aoust. Edit portant suppression des Exemptions attribuées à plusieurs Offices. Tome II. 599

1716. 11. *Janvier.* Arrest pour l'execution de l'Edit ci-dessus. Tome III. 1

1717. 16. *Janvier.* Arrest qui continuë le Recouvrement sur les Privilegiés. Tome III. 22

20. *Mars.* Declaration portant Reglemens sur les Privileges dont doivent joüir les Enfans des Veuves de Secretaires du Roy, & autres Offices qui avoient Noblesse. Tome III. 25

17. *Avril.* Arrest en faveur d'un Valet de Chambre de Monseigneur le Duc d'Orleans. Tome III. 32

Septembre. Lettres Patentes qui confirment la Noblesse des Echevins de Lyon, dans l'exemption des Franc-Fiefs de cinquante livres & au-dessous, & celle des Officiers Penons. Tome III. 37

18. *Decembre.* Arrest portant que les Privileges des Présidens des Presidiaux, sont compris dans la revocation generale d'Aoust 1717. Tome III. 43

Exempts, Privileges revoqués, & condamnations contre les prétendus Privilegiés.

1718. 5. *Fevrier*. Arrest en faveur d'un Capitaine, Grand & ancien Exempt des Gardes de la Prevôté de l'Hôtel. Tome III. 47

24. *May*. Arrest qui ordonne que les Contraintes seront executées sans avoir égard aux Oppositions des Maires & Officiers des Villes, qui joüissoient de Privileges supprimés par les Edits de Juin & Aoust 1715. Tome III. 51

18. *Juin*. Arrest qui décharge les Enfans d'un Secretaire du Roy près le Grand Conseil, attendu qu'il est mort revêtu de sa Charge avant la suppression. Tome III. 53

19. *Aoust*. Arrest contre les Maires & Jurats de Bordeaux. Tome III. 57

13. *Decembre*. Arrest contre les Habitans du Havre & de Dieppe. Tome III. 64

13. *Decembre*. Arrest contre les Habitans de Roüen. Tome III. 65

23. *Decembre*. Arrest contre les Habitans de S. Quentin. T. III. 66

23. *Decembre*. Arrest contre un Commissaire des Guerres, & Auditeur de la Chambre des Comptes de Savoye. Tome III. 71

1719. 3. *Janvier*. Arrest qui ordonne l'Imposition dans la Generalité de Moulins. Tome III. 74

15. *Fevrier*. Arrest contre un Capitaine-Exempt des Gardes de la Prevôté de l'Hôtel. Tome III. 85

Avril. Edit portant Création de Grands Officiers de l'Ordre de Saint Loüis, &c. Tome III. 95

4. *Avril*. Arrest contre les Habitans de Chartres. Tome III. 110

21. *Avril*. Arrest en faveur des Gardes de la Porte du Roy. T. III. 112

16. *May*. Arrest contre les Commissaires ordinaires & Provinciaux des Guerres. Tome III. 115

15. *Juin*. Ordonnance de l'Intendant de Paris, pour l'exemption des Commis. Tome III 118

1720. 11. *Octobre*. Arrest en faveur d'un Maire de Poitiers. Tome III. 152

29. *Octobre*. Arrest en faveur des Chevaux-Legers de la Garde. Tome III. 154

1721. *Avril*. Lettres en faveur des Chevaux-Legers de la Garde. T. III. 170

11. *Juillet*. Arrest contre un Lieutenant de Maire, Sa Majesté n'ayant entendu comprendre dans la Dénomination generale du rétablissement des Privileges, celle du Droit de Franc-Fief, qui ne peut jamais avoir lieu que lorsqu'elle est nommément exprimée. Tome III. 181

12. *Aoust* Arrest contre les Habitans de Limoges. Tome III. 192

19. *Aoust* Arrest contre les Habitans de Compiegne. Tome III. 197

5. *Septembre*. Arrest contre les Habitans de Boulogne & Boulonnois. Tome III. 201

19. *Septembre*. Arrest contre un Bourgeois de Paris. Tome III. 205

30. *Septembre*. Arrest en faveur d'un Gentilhomme servant du Roi. Tome III. 210

14. *Novembre*. Arrest qui reçoit Cordier opposant à l'Arrest du 29. Octobre 1720. Tome III. 214

1721. 14. *Novembre.* Arrest qui ordonne le payement pour une Metairie, venduë par un Seigneur, à la charge de relever de lui en Roture. Tome III. 217

14. *Novembre.* Arrest contre un Bourgeois de Bordeaux, pour un Bien en Franc-Aleu Noble. Tome III. 220

9. *Decembre.* Arrest contre un Bourgeois de Paris. Tome III. 225

23. *Decembre.* Arrest en faveur des Gardes de la Porte de Monsieur le Duc d'Orleans. Tome III. 234

1722. 6. *Fevrier.* Arrest qui condamne les Habitans de la Ville de Toulouse. Tome III. 239

6. *Fevrier.* Arrest qui ordonne que les Officiers Municipaux de la Province de Languedoc, payeront. Tome III. 250

8. *Mars.* Arrest qui décharge du Droit pour un Moulin qui n'est possedé qu'à titre d'engagement du Roy. Tome III. 263

24. *Avril.* Arrest portant que les Droits ne sont compris dans la remise des impositions avant 1719. Tome III. 271

15. *May* Arrest qui ordonne que les Habitans du Boulonnois, seront tenus de remettre leurs Titres. Tome III. 278

30. *Juin.* Arrest contre un Gentilhomme de la Fauconnerie. Tome III. 283

31. *Juillet.* Arrest contre un Habitant d'Amiens & un Maire d'Abbeville. Tome III. 292

18. *Aoust.* Arrest qui déboute les Proprietaires des Moulins à papier de la Generalité de Caën, de leurs Requestes. Tome III. 295

22. *Septembre.* Arrest contre les Commissaires ordinaires & provinciaux des Guerres. Tome III. 306

6. *Octobre.* Arrest qui ordonne le payement, sans avoir égard à de pretenduës Lettres de Noblesse obtenuës au Conseil d'Artois. Tome III. 318

13. *Octobre.* Arrest contre la veuve d'un Gentilhomme ordinaire de Monsieur le Prince de Condé. Tome III. 321

17. *Novembre* Arrest contre les Habitans de Cahors. Tome III. 327

17. *Novembre.* Arrest contre un Controlleur des Guerres. Tome III. 329

24 *Novembre.* Arrest contre les Habitans de Roüen. Tome III. 331

Premier Decembre. Arrest contre les Habitans de Bourges & d'Issoudun. Tome III. 338

1723. 29. *Janvier.* Declaration en faveur des Officiers de feuë Madame. Tome III. 343

5. *Fevrier.* Arrest contre les Habitans d'Issoudun. Tome III. 347

2. *Mars.* Arrest contre les Habitans de Montargis. Tome III. 354

8. *Mars.* Arrest contre un President au Presidial de Limoges. Tome III. 357

15. *Mars.* Arrest contre un Controlleur des Guerres. Tome III. 365

15. *Mars.* Arrest qui modere le Droit pour la Province d'Artois. Tome III. 367

Exempts, Privileges revoqués, & condamnations contre les pretendus Privilegiés.

Exempts ; Privileges revoqués . & condamnations contre les prêtendus Privilegiés.

1723. 26. *Avril.* Arrest contre un Controlleur au Grenier à Sel. Tome III. 286
3. *May.* Arrest qui ordonne le payement des Droits dûs depuis le jour de la suppression des Lettres de Noblesse. Tome III. 392
10. *May.* Arrest contre un Controlleur general des Domaines de la Generalité d'Auch. Tome III. 394
14. *May.* Arrest en faveur d'un Secretaire du Roy supprimé, qui a repris une nouvelle Charge. Tome III. 400
31. *May.* Arrest contre la veuve d'un Assesseur à Bourges. Tome III. 402
20. *Juillet.* Arrest contre des Officiers au Grenier à Sel Tome III. 412
20. *Juillet.* Arrest contre un Vice-Senechal Honoraire en la Maréchaussée des Lannes. Tome III. 415
9. *Aoust.* Arrest en faveur d'un Sous-Lieutenant de la grande Vennerie du Roi. Tome III. 435
30. *Août.* Arrest contre un Bourgeois de Roüen, Tiers-referendaire à la Chancellerie, près le Parlement de Roüen. Tome III. 439
13. *Septembre.* Arrest contre les Sieurs Dumontier, nonobstant leur prétenduë Noblesse. Tome III. 441
13. *Septembre.* Arrest contre les Habitans du Berri, ordonne qu'ils seront tenus de justifier de la roture de leurs Biens. Tome III. 447
11. *Octobre.* Arrest contre les Commissaires aux Revuës. T. III. 451
8. *Novembre.* Arrest contre les Officiers de Milice Bourgeoise de Lyon, dits Officiers Penons. Tome III. 460
30. *Novembre.* Arrest contre un Habitant de Compiegne. Tome III. 468
1724. 4. *Janvier.* Arrest en faveur des Officiers de Monsieur le Duc d'Orleans. Tome III. 490
4. *Janvier.* Arrest contre les Habitans de Poitiers. Tome III. 491
6. *Janvier.* Declaration en faveur des Officiers de Monsieur le Duc d'Orleans. Tome III. 495
15. *Fevrier.* Arrest qui condamne un Piqueur au vol de la Pie à payer. Tome III. 503
17. *Avril.* Arrest contre le Sieur de Sachy, faute de justifier sa Noblesse. Tome III. 509
23. *May.* Arrest qui condamne les Maires & Echevins de Bayeux, à payer le Droit pour une Maison par eux acquise, pour servir de casernes. Tome III. 524
Juillet. Edit qui fixe les Secretaires du Roy à 240. Tome III. 537
17. *Octobre.* Arrest contre les Habitans d'Amiens. Tome III. 564
1725. 20. *Fevrier.* Arrest qui décharge des Droits pour des Biens aliénés du Domaine du Roi en 1688. Tome III. 590
27. *Mars.* Arrest contre un Piqueur au vol pour Corneille, de la grande Fauconnerie. Tome III. 591
24. *Avril.* Arrest contre la veuve d'un Commissaire aux Revuës. Tome III. 597

REGLEMENS

REGLEMENS POUR LA FIXATION DES DROITS.

Reglemens pour la fixation des Droits

1275. Ordonnance de Philippe III. Tome I. 1

Article VII. Ordonne qu'il ſera payé deux années pour les acquiſitions faites dans les Fiefs & arrieres Fiefs du Roy.

Article VIII. quatre années au cas que la féodalité d'une Terre ait été changée en cens, ſinon la Terre ſera remiſe au premier état.

Article IX. cette Ordonnance n'aura lieu que pour le paſſé, & ne pourra être étenduë aux acquiſitions qui ſeroient ſi préjudiciables au Roi, qu'elles ne puſſent être tolerées.

1291. Ordonnance de Philippe IV. Tome I. 5

Article IX ſera payé trois années pour les Fiefs du Roy, chargés ou non chargés envers Sa Majeſté, & en outre le dire de Prud'hommes, pour la diminution cauſée par les charges dûës au Domaine.

Article X. Les taxes pourront être augmentées, mais ne pourront être diminuées.

Article XI. Ordonnance executée pour le paſſé, & non pour l'avenir; défenſe d'y donner aucune extention pour les alienations trop dommageables au Roi.

1320. *Mars.* Ordonnance de Philippe V. Tome I. 11

Article VI. ſera payé trois années pour les Fiefs & Arrieres-Fiefs, ſi les choſes ſont chargées de ſervices competans, ſi elles ne le ſont pas, ſera payé quatre années.

1324. 7. *Janvier.* Ordonnance de Charles IV. Tome I. 17

Article VII. ſera payé trois années des Fruits, & en Languedoc ſix années.

Article VIII. Ordonne la confiſcation faute de payer, ou de mettre hors des mains dans l'an & jour les acquiſitions qui ſeront faites à l'avenir.

1325. 7. *Janvier.* Ordonnance en interpretation des précedentes. Tome I. 19

1326. 18. *Juillet.* Ordonnance de Charles IV. Tome I. 20

Article II. Pour les acquiſitions dans les Fiefs & Arrieres-Fiefs du Roi, s'il y a trois Seigneurs, entre le Roi & celui qui a vendu, ſera payé trois années.

Article III. ſera payé pour les Fiefs qui ſeront changés en Cenſive quatre années.

1610. 2. *Juillet.* Ordonnance des Commiſſaires, pour la levée au ſol la livre, de la Taille du Droit de nouvel Acquêt. Tome I. 111

1613. 22. *Octobre.* Lettres Patentes, qui ordonnent le payement, ſur le pied d'une année de revenu dans le Reſſort du Parlement de Paris. Tome. I. 119

1633. 13. *Aouſt.* Lettres Patentes qui fixent le Droit à une année de revenu, & les deux ſols pour livre. Tome I. 138

1634. 19. *Avril.* Declaration qui fixe les Droits. Tome I. 176

18. *May.* Remontrances à la Chambre Tome I. 153

Reglemens pour la fixation des Droits

1634. 8. *Juin.* Reglement de la Chambre, qui fixe à une année de revenu les Taxes des Communautés des Gens de Main-morte. Tome I. 158

12. *Juin* Reglement de la Chambre du Tresor, qui modere à un quart du revenu d'une année. Tome I. 159

1641. 29. *Novembre.* Declaration qui décharge les Roturiers possedant Fief, du Ban & Arriere-ban, & des taxes d'icelui, en payant une année du revenu des Fiefs. Tome I. 274

1652. 29. *Decembre.* Declaration qui ordonne le recouvrement depuis le dernier Decembre 1633. jusqu'au dernier Decembre 1653. sur le pied d'une année de revenu. Tome I. 302

1653. 2. *Juillet* Arrest de la Chambre, pour l'execution de la Declaration de 1652. Tome I. 318

1655. *Mars.* Edit qui ordonne qu'il sera payé un vingtiéme d'année par an. Tome I. 347

1656. 20. *Juin.* Declaration portant confirmation pour toutes les Villes exemptes, en payant le vingtiéme de la valeur des Fiefs. Tome I. 365

Premier Aoust. Arrest Idem. Tome I. 369

Novembre. Edit de confirmation à perpetuité, pour les Fiefs possedés alors, en payant deux années. Tome. I. 372

1657. 28. *Fevrier.* Deux Arrests portant décharge pour les Paroisses taillables, au moyen d'une imposition. Tome I. 379 & 381

25. *Juin.* Lettres Patentes pour l'execution de l'Edit de Novembre 1656. Tome I. 387

27. *Aoust.* Declaration portant confirmation de l'exemption, en payant par les Officiers des Cours, Secretaires du Roy & autres, le vingtiéme de la valeur des Fiefs. Tome I. 393

12. *Decembre.* Arrest de la Chambre pour la recherche, taxe & liquidation des Droits. Tome I. 419

1658. 28. *Avril.* Arrest qui ordonne que les Beneficiers payeront pour les Biens de patrimoine. Tome I. 443

24. *Octobre.* Arrest qui ordonne le recouvrement des sommes restantes dûës. Tome I. 445

Octobre. Edit qui décharge les possesseurs des Fiefs, en payant deux années du revenu. Tome I. 451

1659. 28. *May.* Arrest qui ordonne aux Habitans de l'Election de Peronne, de payer 4500 livres. Tome I. 468

1672. *Mars.* Edit de confirmation, en payant trois années, sçavoir une année pour la joüissance depuis 1652. jusqu'en 1672. & deux années pour l'affranchissement à l'avenir. Tome I. 557

23. *Mars.* Declaration qui ordonne l'execution de l'Edit de Novembre 1656. & portant nouveau Reglement. Tome I. 562

1673. 28. *Janvier.* Arrest de confirmation des Privileges des Villes Franches, en payant deux années du revenu. Tome II. 4

25. *Fevrier.* Arrest qui ordonne le payement des Droits, sans avoir égard aux Contrats & Baux à Cens. Tome II. 6

12. *Juin.* Arrest qui ordonne que les Gens de Main-morte & Ecclesiastiques payeront les Droits pour leurs Biens de Patrimoine & autres par eux acquis à titre particulier. Tome II. 15

Reglemens pour la fixation des Droits

1673. 22. *Juillet.* Arrest qui ordonne le payement pour les Moulins, Colombiers, Tryes, Fuyes, & les volieres à pigeons. Tome II. 19

29. *Juillet.* Arrest qui ordonne que ceux qui ont payé deux années du revenu pour l'affranchissement, en execution de l'Edit de 1656. ne payeront qu'une année du revenu, & que ceux qui n'ont pas payé lesdites deux années en payeront trois. Tome II. 21

1674. 31. *Mars.* Arrest qui confirme les Habitans de Dieppe dans leurs privileges, en payant. Tome II. 41

1675. 9. *Mars.* Arrest qui déclare nulles les quittances de Gabriel Dallet, faute d'avoir été rapportées, en execution de l'Arrest du 20. Septembre 1672. & que les redevables seront contraints au payement de trois années du revenu. Tome II. 60

1676. *Premier May.* Arrest qui condamne deux particuliers, au payement des Droits, pour un Bail à rente d'un Bien Noble, dont le Bailleur a retenu la foy & hommage, sauf leurs recours contre leurs coheritiers. Tome II. 81

1677. 6. *Mars.* Arrest qui ordonne que les Habitans des Villes Franches, payeront les Droits pour les Biens situés dans une autre Generalité que celle où ils resident, nonobstant leurs Privileges. Tome II. 86

14. *Aoust.* Arrest qui ordonne que faute par les redevables de rapporter les quittances d'affranchissement paraphées, ils payeront le surplus des sommes contenuës aux Quittances du Tresor Royal. Tome II. 88

1680. *Premier Juin.* Arrest qui ordonne que le recouvrement sera fait en Flandres, à raison de trois années du revenu. Tome II. 94

1681. 15. *Janvier.* Arrest qui fixe le Droit dans le Pays d'Artois, pour les Roturiers, à une année & demi, & pour les Ecclesiastiques à deux années. Tome II. 98

Premier Fevrier. Arrest qui regle le pied sur lequel le recouvrement des Biens acquis avant l'année 1671. & depuis, sera fait. Tome II. 102

1692. *Aoust.* Edit qui confirme les possesseurs des Fiefs & Villes Franches dans l'affranchissement, en payant une année du revenu, &c. Tome II. 199

16. *Aoust.* Arrest qui regle la forme du recouvrement des Franc-Fiefs, Tome II. 203

11. *Octobre.* Arrest qui ordonne que ceux qui auront obmis de déclarer, payeront le triple des Droits. Tome II. 207

1693. 17. *Mars.* Arrest qui fixe des délais pour le payement des Droits, pour les sommes de cent livres. Tome II. 224

28. *Mars.* Declaration concernant le Comté de Bourgogne, les Roturiers possedans Fiefs, par donation, Testament ou mariage en faveur des parens, succession *ab intestat* de Fiefs entre coheritiers & assignat de deniers dotaux ou doüaires exempts du Droit de Franc-Fief, & hors les cas ci-dessus, tenus de le payer pour une fois seulement, moyennant quoi confirmé pour l'avenir. Tome II. 225

Reglemens pour la fixation des Droits

1693. 12. *May*. Arrest qui confirme les Habitans de Roüen, en payant. Tome II. 237

16. *May*. Declaration qui déclare la Province du Dauphiné, non sujette, en payant. Tome II. 241

28. *Juillet*. Arrest qui décharge les Habitans de Compiegne, en payant. Tome II. 249

15. *Septembre*. Arrest qui confirme les Habitans de Poitiers, en payant. Tome II. 253

22. *Septembre*. Arrest portant que ceux qui rapporteront des Quittances d'affranchissement, en execution de la Declaration de Mars 1672. dans lesquelles les noms des Fiefs, ne seront pas exprimés en détail, payeront la moitié des sommes contenuës, au moyen dequoi déchargées. Tome II. 255

22. *Septembre*. Arrest qui ordonne que les Recepissés de Vialet, serviront de quittances, en payant une demi-année de revenu. Tome II. 257

13. *Octobre*. Arrest qui décharge les Habitans du Comté de Bourgogne, en payant Tome II. 259

10. *Novembre*. Arrest qui condamne les redevables qui auront acquiescé à la liquidation des Droits, & se pourvoiront par opposition, & seront déchûs de la remise accordée. Tome II. 261

10. *Novembre*. Arrest qui ordonne, que faute par les Gens de Mainmorte, de payer dans le premier Janvier 1694. ils seront déchus des remises & moderations. Tome II. 263

17. *Novembre*. Arrest qui décharge les Habitans de Lyon, & ceux du Baujollois, en payant. Tome II. 265

10. *Decembre*. Arrest qui décharge les Habitans d'Angers, en payant Tome II. 269

1694. 6. *Mars*. Arrest qui maintient la Generalité d'Orleans dans l'exemption, en payant. Tome II. 288

3. *Avril*. Arrest qui ordonne que les Habitans des Villes abonnées, seront tenuës de payer les termes échus, sinon les Rolles executés. Tome II. 295

14. *Juillet*. Ordonnance des Commissaires, qui condamne les Chartreux du Val-Dieu à payer leur cotte part de la repartition pour le Franc-Aleu dans les Elections de Mortagne. Tome II. 309

14. *Juillet*. Ordonnance pareille, contre les Augustins de la Ville de Barfleur. Tome II. 313

14. *Juillet*. Ordonnance pareille, contre les Benedictins de l'Abbaye de Jumiége. Tome II. 315

31. *Aoust*. Arrest qui condamne les Bourgeois de Paris de payer. Tome II. 322

1695. 6. *Septembre*. Arrest qui ordonne le payement, sur le pied d'une année du revenu pour vingt-années. Tome II. 331

22. *Novembre*. Declaration qui ordonne que les Fiefs en Flandres, payeront une année & demi. Tome II. 335

1700. 9. *Mars*. Declaration qui ordonne le recouvrement des Droits, sous le nom d'Estienne Chaplet, pour le passé & l'avenir. T. II. 366

1700. 20 *Avril.* Arrest qui ordonne la repartition des sommes imposées en Flandres pour les Usages. Tome II 582 *Reglemens pour la fixation des Droits*

21. *Septembre.* Arrest qui ordonne le payement en Flandres, Hainault & Artois, des Biens vendus non amortis, pour payer les taxes, faute de rapporter les Contrats ensaisinés. Tome II. 387

9. *Octobre.* Arrest qui ordonne que les Religieux Mendians, Curés & autres qui n'auront pas payé dans trois mois, seront tenus d'y satisfaire, sinon contraints au payement entier. Tome II. 388

1702. 21. *Mars.* Arrest contre les Habitans de la Ville de Montargis, qui payeront. Tome II. 410

1704. 29. *Janvier.* Arrest portant abonnement, pour les Habitans de Lyon & des Provinces de Lyonnois, Forest & Baujollois. Tome II. 434

1705. 26. *Decembre.* Declaration concernant les Fiefs de Franche Comté. Tome II. 469

1706. *Septembre.* Edit en explication de celui d'Aoust 1705. qui permet aux Officiers de payer un supplement. Tome II. 481

1708. 23. *Octobre.* Declaration qui ordonne que pendant le cours du Bail, fait à Claude L'heritier, les Receveurs des Droits, seront tenus de lui remettre la moitié des Droits sur ses Quittances. Tome II. 509

1709. *Novembre.* Edit pour la Bretagne. Tome II. 513

1710. *Septembre.* Edit qui révoque l'alienation de partie des Droits, faite par l'Edit de May 1708. ordonne une Ferme, à compter du premier May 1708. Tome II. 531

9. *Decembre.* Arrest portant abonnement pour les Fiefs Boursaux, du Perche. Tome II. 538

1711. 22. *Septembre.* Arrest qui ordonne l'imposition dans la Generalité de Moulins. Tome II. 550

1713. 18. *Avril.* Arrest qui condamne les Habitans de Metz, qui ne justifieront pas avoir contribué à l'abonnement fait par Arrest du 22. Aoust 1693. à payer les Droits. Tome II. 568

25. *Juillet.* Arrest qui confirme les Habitans de Chartres, en payant. Tome II. 570

1714. 20. *Fevrier.* Arrest qui ordonne le payement du Droit, par les Habitans de Bordeaux. Tome II. 573

14. *Aoust.* Arrest qui maintient les Habitans de Chartres dans leurs exemptions, en payant. Tome II. 577

1715. 16. *Fevrier.* Arrest qui confirme les Habitans d'Orleans exempts, en payant. Tome II. 590

1717. 16. *Janvier.* Arrest pour faire payer les Particuliers, dont les annoblissemens & privileges sont supprimés. Tome III. 22

17. *Juillet.* Arrest qui ordonne l'Imposition des Usages de la Generalité de Roüen, sur le pied de 3205. livres 19. sols 10. deniers, Tome III. 34

24. *Juillet.* Arrest Idem, pour la Generalité de Paris. Tome III. 36

1718. 24. *May.* Arrest qui ordonne que sans avoir égard aux oppositions formées par les Maires & Echevins, au sujet des Privileges revoqués, les Rolles seront executés. Tome III. 51

Reglemens pour la fixation des Droits.

1721. 24. *Juin.* Arrest qui ordonne le païement du Droit en Normandie, pour les Moulins, Colombiers, Tryes, Fuyes, & Volieres à Pigeons, joints aux Fiefs ou séparés. Tome III. 176

14. *Novembre.* Arrest qui ordonne le Païement du Droit, pour une Metairie venduë par un Seigneur, à la charge de relever de lui en Roture. Tome III. 217

14. *Novembre.* Arrest contre un Bourgeois de Bordeaux, pour un Bien en Franc-Aleu Noble. Tome III. 220

1722. 6. *Fevrier.* Arrest qui ordonne le païement pour la Terre de Clinchamp, prétenduë relever du Duché de Bar. Tome III. 237

6. *Fevrier.* Arrest qui condamne les Habitans de Toulouse à païer le Droit, sur le pied d'une année de revenu. Tome III. 239

24. *Avril.* Arrest portant que les Droits ne sont compris dans la remise des Impositions avant 1719. Tome III. 271

18. *Aoust.* Arrest qui ordonne le païement pour les Moulins à Papier dans la Generalité de Caën. Tome III. 295

18. *Aoust.* Arrest qui ordonne le païement pour une Dixme infeodée, à la charge de payer trente sols de rente envers le Seigneur. Tome III. 299

23. *Aoust.* Arrest qui ordonne que les deux sols pour livre attribués à l'Ordre de Saint Loüis, seront imposées par les Villes abonnées, conjointement avec le principal des Droits. Tome III. 302

1723. 15. *Mars.* Arrest qui modere à l'avenir les Droits de Franc-Fiefs en Artois, à une année de revenu. Tome III. 367

5. *Avril.* Arrest qui ordonne que le Droit sera payé par les Roturiers Proprietaires, quoique l'usufruit soit reservé à des personnes nobles. Tome III. 369

26. *Avril.* Arrest qui ordonne que les Droits dûs par un Controlleur d'un Grenier à Sel, seront payés à Cordier, comme chargé du Recouvrement des Droits dûs par les Officiers dont les Privileges ont été supprimés. Tome III. 386

24. *May.* Arrest qui ordonne que les Droits sont dûs pour les Rentes en Grains, quoique le Seigneur se soit reservé un Droit de Cens & la Feodalité. Tome III. 398

1724. 15. *Fevrier.* Arrest qui ordonne que le Droit sera payé, à raison d'une année du revenu du Fief, suivant les Baux, sinon sur le pied du denier Vingt de l'acquisition. Tome III. 505

9. *May.* Arrest qui condamne la Communauté de Callas, à païer le Droit pour les Acquisitions par elle faites. Tome III. 515

23. *May.* Arrest qui ordonne le payement du revenu entier, nonobstant la retention de partie dudit revenu, par le Donateur. T. III. 520

23. *May.* Arrest qui ordonne le païement pour des Maisons acquises pour construire des Casernes. Tome III. 524

30 *May.* Arrest qui ordonne le païement du Droit, nonobstant la reserve de l'usufruit par le Donateur. Tome III. 529

27. *Juin.* Arrest qui ordonne le païement du Droit, à compter du jour du decès, quoique les vingt années pour lesquelles il a été païé ne soient pas échûës, & ce sur le pied du denier Vingt-cinq, & non

sur celui du dernier païement. Tome III. 535 *Reglemens pour la fixation des Droits.*
1724. 17. *Octobre.* Arrest qui déclare nulle & frauduleuse au Droit de Franc-Fief, un accensement fait à charge d'un Denier de Cens, & de Lods & Vente. Tome III. 556
1725. 30. *Janvier.* Arrest qui ordonne le Païement des Droits, sur le pied de l'estimation. Tome III. 583

ORDONNANCES ET REGLEMENS GENERAUX, sur le Droit des Franc-Fiefs.

Ordonnances & Reglemens Generaux sur le Droit des Franc-Fiefs.

1275. Ordonnance de Philippe III. Tome I. 1
1291. Ordonnance de Philippe IV. Tome I. 5
1320. *Mars.* Ordonnance de Philippe V. Tome I. 11
1324. Ordonnance de Charles IV. Tome I. 17.
1325. 7. *Janvier.* Ordonnance de Charles IV. en interpretation des précedentes. Tome I. 19
1326. 18. *Juillet.* Odonnance dudit. Tome I. 20
1633. 13 *Aoust.* Lettres Patentes portant Etablissement d'une Chambre, & Reglement pour le Ressort du Parlement de Paris. Tome I. 136
1634. 9. *May.* Reglement des Commissaires pour le Ressort de la Prevôté & Vicomté de Paris. Tome I. 142
1641. 14. *Aoust.* Contrat passé à Mantes, portant décharge en faveur du Clergé. Tome I. 249
26. *Fevrier.* Bail à Nicolas Nicot, portant Reglement pour la Perception. Tome I. 232
1652. 29. *Decembre.* Declaration qui ordonne le Recouvrement depuis 1633. Tome I. 302
1653. 2. *Juillet.* Arrest de Reglement pour l'execution de la Declaration de 1652. Tome I. 318
6. *Septembre.* Arrest qui ordonne l'execution de ladite Declaration de 1652. contre un Arrest du Parlement de Roüen. Tome I. 326
1655. *Mars.* Edit qui ordonne la Perception annuelle. Tome I. 347
1656. *Novembre.* Edit qui ordonne une décharge à toûjours, pour les Fiefs, en payant deux années. Tome I. 372
1657. 25. *Juin.* Lettres Patentes qui ordonnent l'execution de l'Edit de Novembre 1656. Tome I. 387
1661. 5. *May.* Arrest qui ordonne le Recouvrement en execution de l'Edit de 1656. Tome I. 536
1672. *Mars.* Edit qui ordonne qu'il sera payé trois années. Tome I. 557
23. *Mars.* Déclaration portant confirmation de l'Affranchissement, ordonne le Recouvrement contre ceux qui ne l'ont pas païé. T. I. 562
1680. *Premier Juin.* Arrest qui ordonne le Recouvrement de Franc-Fiefs en Flandres. Tome II. 94
1681. 15. *Janvier.* Arrest de Reglement pour la Perception en Flandres. Tome II. 98

Ordonnances & Reglemens Generaux sur le Droit des Franc-Fiefs.

1681. *Premier Fevrier.* Arrest qui fixe sur quel pied les Droits seront payés en Flandres. Tome II. 102

1692. *Aoust.* Edit pour le Recouvrement du Droit de Franc-Fief. T. II. 199

16. Aoust. Arrest qui regle la forme du Recouvrement. Tome II. 203

1693. 28. *Mars.* Declaration portant que le Droit de Franc-Fief, sera perçû dans le Comté de Bourgogne. Tome II. 225

1695. 22. *Novembre.* Declaration concernant le Recouvement du Droit en Flandres. Tome II. 335

1700. 9. *Mars.* Declaration qui ordonne de nouveau le Recouvrement Tome II. 366

1702. 16. *Juillet.* Declaration portant nouveau Reglement pour la Perception des Droits Tome II. 413

Premier Aoust. Arrest contenant Reglement pour l'enregistrement des Contrats par les Receveurs des Domaines, & les Droits qui leur sont dûs. Tome II. 418

1703. 3. *Juillet.* Lettres Patentes sur ledit Arrest. Tome II. 429

1705. 26. *Decembre.* Declaration concernant la Perception des Droits en Franche-Comté. Tome II. 469

1708. *May.* Edit qui ordonne de nouveau le Recouvrement. Tome II. 495

1709. 31 *Decembre.* Declaration portant Reglement suivant l'Edit de May 1708. Tome II. 521

1710. 18. *Mars.* Arrest en faveur des Receveurs. Tome II. 526

1716. 4. *Juillet.* Arrest qui ordonne que les Fermiers du Controlle des Actes des Notaires, communiqueront leurs Regiftres. Tome III. 10

1717. 16. *Janvier.* Arrest qui ordonne le Recouvrement sur les Possesseurs, dont les Privileges & Exemptions ont été supprimés & revoqués Tome III. 22

1719. *Avril.* Edit qui attribuë à l'Ordre de Saint Loüis, les deux sols pour livre des Droits. Tome III. 95

Premier Juillet. Arrest pour l'enregistrement de l'Edit d'Avril 1719. pour l'Ordre de Saint Loüis. Tome III. 120

1721. 8. *Mars.* Sentence qui ordonne que les deux sols pour livre seront payés au Fermier de l'Ordre de Saint Loüis. Tome III. 167

19. *Aoust.* Arrest qui ordonne que les Notaires seront tenus de faire mention dans les Contrats, de la nature & mouvance des Biens. Tome III. 200

1722. 24. *Avril.* Arrest portant que les Droits de Franc-Fiefs n'ont point été compris dans la remise des Impositions. Tome III. 271

1725. *Juin.* Edit portant attribution aux Receveurs des Domaines, de faire la Recette des Droits de Franc-Fiefs, & attribution de deux sols pour livre. Tome III. 603

FRANC-ALEU FRANC BOURGAGE, ET Franche-Bourgeoisie.

Franc-Aleu, Franc-Bourgage, & Franche-Bourgeoisie.

1642. 12. *Juillet.* Arrest qui défend de poursuivre les Ecclesiastiques, pour raison des Biens qu'ils tiennent. Tome I. 284
22. *Novembre.* Arrest qui décharge les Ecclesiastiques pour leurs Biens propres. Tome I. 286
1645. 9. *Septembre.* Declaration portant décharge en faveur des Redevables & des Engagistes du Domaine. Tome I. 290
1656. *Novembre.* Edit de confirmation en païant les Taxes. Tome I. 372
1657. 27. *Janvier.* Arrest portant confirmation. Tome I. 378
25. *Juin.* Lettres Patentes qui ordonnent l'execution de l'Edit de Novembre 1656. Tome I. 387
27. *Aoust.* Declaration portant confirmation en païant le Vingtiéme denier de la valeur. Tome I. 393
4. *Septembre.* Arrest du Parlement en faveur de la Ville de Paris, & autres. Tome I. 397
19. *Novembre.* Lettres Patentes pour l'execution de la Declaration de 1657. Tome I. 407
1658. 10. *Avril.* Arrest de la Chambre, qui ordonne la communication des Titres. Tome I. 430
24. *Octobre.* Arrest qui renvoye à la Chambre, les Appellations faites au Parlement. Tome I. 448
Octobre. Edit qui ordonne qu'il sera payé le Vingtiéme denier, de la valeur. Tome I. 451
1667. 22. *May.* Arrest portant que le Franc-Aleu Roturier; sera admis en Languedoc. Tome I. 551
1672. *Mars.* Edit qui décharge les Possesseurs des Aleus, en païant trois années de revenu. Tome I. 557
1673. 28. *Janvier.* Arrest de confirmation, en païant deux années de revenu. Tome II. 4
12. *Aoust.* Arrest portant que les Biens tenus en Franc-Aleu, ne sont point sujets au Droit de Franc-Fief. Tome II. 26
1674. 31. *Mars.* Arrest en faveur des Habitans de Dieppe. Tome II. 41
1675. 9. *Septembre.* Arrest qui décharge les Beneficiers, des Taxes faites dans les Villes. Tome II. 75
1692. *Aoust.* Edit de confirmation. Tome II. 196
16. *Aoust.* Arrest qui regle les Taxes pour la confirmation. Tome II. 203
21. *Octobre.* Arrest qui nomme des Commissaires. Tome II. 210
11. *Novembre.* Arrest pour faire donner par les Greffiers & Notaires, des Extraits de tous les Actes & Titres qui peuvent concerner le Recouvrement. Tome. II. 211
1693. 17. *Fevrier.* Arrest qui ordonne que le Droit sera païé par preference à toutes Saisies faites sur les Biens sujets audit Droit. Tome II. 223
17. *Mars.* Arrest portant délay pour le Payement des Droits dont

Franc-Aleu, Franc-Bourgage & Franche-Bourgeoisie.

les sommes ne seront que de 100. liv. Tome II. 224

1693. 5. *May*. Arrest qui décharge les Habitans de Normandie, de fournir des declarations. Tome II. 235

16. *May*. Declaration en faveur de la Province du Dauphiné. T. II. 241

2. *Juin*. Arrest qui regle les frais de Poursuites. Tome II. 245.

13. *Octobre*. Arrest en faveur des Habitans du Comté de Bourgogne. Tome II 259

17. *Novembre*. Arrest en faveur des Habitans de la Ville de Lyon & des Provinces du Lionnois, Forest & Baujollois. Tome II. 265

1694. 9. *Fevrier*. Arrest qui subroge les Etats de Languedoc à Fumée, pour faire le Recouvrement. Tome II. 279

23. *Mars*. Arrest qui condamne un Bourgeois de Paris, à donner sa declaration, des Heritages qu'il possede hors l'étenduë de la Ville & des Fauxbourgs de Paris. Tome II. 294

15. *Juin*. Arrest en faveur des Secretaires du Roi. Tome II. 299

6. *Juillet*. Arrest concernant les Oppositions des Habitans de Normandie. Tome II. 307

14. *Juillet*. Ordonnance des Commissaires, qui condamne les Chartreux du Val-Dieu. Tome II. 309

14. *Juillet*. Ordonnance des Commissaires, contre les Augustins de Barfleur. Tome II. 313

14. *Juillet*. Autre contre les Benedictins de l'Abbaye de Jumiége. Tome II. 315

14. *Septembre*. Arrest en faveur des Filles de Sainte Marie. Tome II. 323

9. *Novembre*. Arrest qui ordonne qu'il ne sera expedié qu'une Quittance par chaque Election des Generalités y nommées. Tome II. 328

1696. 7. *Fevrier*. Arrest en faveur de l'Hôtel-Dieu & de l'Hôpital des Incurables. Tome II. 347

1697. 4. *Avril*. Arrest en faveur d'un Maître des Comptes. Tome II. 359

23. *Juillet*. Arrest qui ordonne que les Redevables qui auront acquiescé une liquidation & païé, ne pourront demander la décharge. Tome II. 361

1721. 14. *Novembre*. Arrest qui condamne un Bourgeois de Bordeaux, à païer le Droit de Franc-Fief, pour un Bien en Franc-Aleu noble Tome III. 220

TABLE
DES PRINCIPALES MATIERES
CONCERNANT
LES DROITS D'USAGES.

LES Usages & le Droit de nouvel Acquêt est la même chose ; cependant dans tous les précedens Recouvremens, ils ont été confondus sous le nom de nouvel Acquêt. *Deux Avril 1609. Lettres Patentes.*

1610. 18. *Juin*. Lettres qui nomment des Commissaires pour arrêter des Rolles pour l'Imposition. Tome I. 109

2. *Juillet*. Ordonnance des Commissaires, pour faire l'Imposition au sol la livre de la Taille, sur les Exempts & non Exempts. T. I. 111

1639. 19. *Avril*. Declaration qui ordonne le Recouvrement des Usages, à l'Arbitrage des Commissaires. Tome I. 176

1646. 18. *Juillet*. Arrest qui décharge le Clergé pour les Biens d'Usages, acquis des Communautés. Tome I. 295

1652. 29. *Decembre*. Declaration qui ordonne le Recouvrement, & qu'il sere payé le Sixiéme. Tome I. 302

30. *Decembre*. Lettres de Nominaion de Commissaires. Tome I. 311

1653. 2. *Juin*. Declaration qui excepte les Hôpitaux & nouveaux Monasteres. Tome I. 316

2. *Juillet*. Arrest de la Chambre, pour l'execution de la Declaration de 1652. Tome I. 318

1654. 9. *Septembre*. Arrest contre les Habitans de Tours. Tome I. 330

1655. *Mars*. Edit qui ordonne la Perception annuelle. Tome I. 347

1657. 28. *Fevrier*. Arrest qui décharge des Impositions faites dans les Paroisses. Tome I. 379

28. *Fevrier*. Autre idem, pour les Villes & Bourgs. Tome I. 381

1672. *Mars*. Edit qui ordonne le Recouvrement. Tome. I. 557

Usages.

1691. 23 *Janvier.* Arrest portant Reglement pour les Droits de nouvel Acquêt & Usages des Communautés Laïques. Tome II. 174

1697. 8. *Octobre.* Arrest qui ordonne que les Communautés de Flandres donneront des déclarations de leurs Communes. Tome II. 363

1700. 9. *Mars.* Declaration. *Voyez* Reglemens Generaux des Amortissemens ou Franc-Fiefs. Tome II. 378

20. *Avril.* Arrest qui fixe des Droits d'Usages de Flandres, par Département. Tome II. 382

1702. 19. *Mars.* Arrest qui ordonne qu'il ne sera expedié qu'une Quittance pour l'Imposition qui a été faite dans le Hainault. T. II. 412

1703. 13. *Mars.* Arrest qui ordonne que les Usages imposés seront païés par les Receveurs des Tailles. Tome II. 427

1704. 29. *Janvier.* Arrest d'Abonnement pour la Ville de Lyon, le Lyonnois, le Forest & le Beaujollois. Tome II. 434

1708. *May.* Edit qui ordonne de nouveau le Recouvrement. Tome II. 495

1711. 13. *Janvier.* Arrest qui ordonne que les Droits d'Usages imposés, seront païés par les Collecteurs, Syndics & les Receveurs des Tailles. Tome II. 541

22. *Septembre.* Arrest qui ordonne l'Imposition dans la Generalité de Moulins. Tome II. 550

29. *Septembre.* Arrest qui ordonne qu'il sera expedié six Quittances dans la Generalité de Metz. Tome II. 552

1712. 21. *Juin.* Arrest qui en ordonne le payement en Bourgogne. Tome II. 560

1715. 9. *Juillet.* & 21. *Decembre.* Arrests qui fixent le Droit qui sera païé chaque année en la Generalité de Caën. Tome II. 597. & 610

1716. 15. *Fevrier.* Arrest qui regle l'indemnité dûë au Fermier pour les Usages de Bourgogne. Tome III. 5

5. *Septembre.* Arrest qui ordonne l'Imposition des Usages dans la Generalité de Caën. Tome III. 16

1717. 9. *Janvier.* Arrest qui ordonne que Sadet remettra à Guillaume Normant, les Usages qu'il peut avoir reçû au-delà de son Bail. T. III. 20

17. *Juillet.* Arrest qui ordonne l'Imposition des Usages de la Generalité de Roüen. Tome III. 34

24. *Juillet.* Arrest idem, dans la Generalité de Paris. Tome III. 36

1718. 15. *Janvier.* Arrest qui liquide les Droits des Etats de Bearn. T. III. 46

1719. 3. *Janvier.* Arrest qui ordonne l'Imposition des Droits dans la Generalité de Moulins. Tome III. 74

1720. 2. *Mars.* Arrest qui ordonne que les Fermiers remettront ce qu'ils ont reçû au-delà de leurs joüissances. Tome III. 146

18. *Avril.* Arrest qui ordonne l'Imposition dans la Generalité de Caën. Tome III. 148

20. *Juillet.* Arrest portant Abonnement en faveur de la Province d'Artois. Tome III. 151

15. *Novembre.* Arrest qui ordonne l'Imposition annuelle. T. III. 156

1721. 8. *Mars.* Sentence qui ordonne que les deux sols pour livre seront païés au Fermier de l'Ordre de Saint Loüis. Tome III. 167

1721. 25. *Novembre.* Arrest qui ordonne que les deux sols pour livre des Droits de nouvel Acquêt, ordonné être payé à l'Ordre de S. Loüis, seront imposés depuis 1702. jusques & compris 1725. Tome. III. 223 *Usages.*

16. *Decembre.* Arrest portant liquidation des Droits dûs en Flandres, & distribution de ladite somme aux Traitans & Fermiers. Tome III. 226

1722. 6. *Fevrier.* Arrest portant qu'il sera fourni des déclarations des Usages, par les Habitans du Pays d'Artois. Tome III. 245

6. *Fevrier.* Arrest portant que les Officiers Municipaux de la Province de Languedoc, fourniront des déclarations de leurs Usages. Tome III. 254

13. *Mars.* Arrest de liquidation de l'indemnité dûë à Pilavoine, pour les Usages de Bourgogne. Tome III. 266

15. *May.* Arrest de liquidation de l'indemnité duë à Chaplet & à Sadet, Fermiers, pour la non-joüissance des Droits d'Usages du Département de Lille. Tom III. 274

15. *May.* Arrest de liquidation pour les Droits d'Usages dûs en Franche-Comté. Tome III. 276

5. *Juin.* Arrest qui subroge Jean Tomas au Recouvrement des Restes de le Lievre. Tome III. 279

7. *Juillet.* Arrest qui ordonne le païement des Droits dans les Seigneuries de Lille, Doüay & Orchie. Tome III. 285

14 *Juillet.* Arrest qui ordonne que les Communautés Laïques du Département d'Artois, seront tenuës de fournir leurs declarations. Tome III. 287

22. *Septembre.* Arrest qui ordonne que Gresset, subrogé à Chaplet Fermier, sera païé de la Portion dans les Usages de Lille. Tome III. 313

29. *Septembre.* Arrest qui ordonne l'Imposition dans la Province de Bretagne. Tome III. 315

17. *Novembre.* Arrest contre les Habitans de Journet, Election de Poitiers. Tome III. 324

Premier Decembre. Arrest contre les Habitans de la Generalité de Bourges. Tome III. 338

1723. 2. *Fevrier.* Arrest contre les Habitans de Saint Cyr, Vanneüil sur Vienne & Bonneüil-Matours, Generalité de Poitiers. Tome III. 345

2. *Fevrier.* Arrest contre les Habitans des Bastides du Pays de Marsan. Tome III. 350

19. *Avril.* Arrest contre les Communautés du Pays de Labour. Tome III. 381

26. *Avril.* Arrest qui ordonne l'Imposition dans le Département de Lille. Tome III. 385

13. *Juillet.* Arrest qui ordonne l'Imposition dans la Generalité de la Rochelle. Tome III. 407

18. *Octobre.* Arrest qui ordonne le païement en Basse-Navarre. Tome III. 455

18. *Octobre.* Arrest qui ordonne le païement dans le Pays de Soulle. Tome III. 456

Usages. 1723 18. *Octobre.* Arrest qui ordonne l'Imposition dans les Elections de Pithiviers & de Châteaudun. Tome III. 458
18. *Octobre.* Arrest qui ordonne l'Imposition dans l'Election des Lannes. Tome III. 459
21. *Decembre.* Arrest qui déclare le Droit de nouvel Acquêt, être un Droit de Domaine, ordonne qu'il sera païé en Artois. T. III. 474
1724. 23. *May.* Arrest qui ordonne l'Imposition dans l'Intendance de Lille. Tome III. 518
26. *Septembre.* Arrest qui ordonne l'Imposition en Bretagne. T. III. 547
5. *Decembre.* Arrest qui ordonne l'Imposition en Dauphiné. T. III. 575
1725. 27. *Avril.* Arrest qui ordonne que les deux sols pour livre des Droits dûs à l'Ordre de Saint Loüis, seront perçûs par les Receveurs des Tailles. Tome III. 599
17. *Juillet.* Arrest qui ordonne l'Imposition annuelle, & par avance l'ancien. Tome III. 608
1726. 12. *Fevrier.* Arrest qui ordonne l'Imposition du Droit dans l'Election des Lannes. Tome III. 619
7. *May.* Arrest qui ordonne l'Imposition du Droit dans la Ville & Châtellenie de Bouchain. Tome III. 629
8. *Octobre.* Arrest contre le Pays de Labour. Tome III. 638

BAUX, TRAITE'S, COMPTES, QUITTANCES, Fermiers & Commis.

Baux, Traités, Comptes, Quittances, Fermiers & Commis.

1291. Ordonnance de Philippe le Bel.
Article X. Ordonne que ceux qui seront par nous commis, puissent augmenter les Taxes si faire se peut, mais non diminuer. Tome I. 5
1520. 15. *Octobre.* Lettres Patentes portant Commission pour l'audition, examen & clôture des Comptes des Commis à la Recette des Droits. Tome I. 38
1609. 2. *Avril.* Lettres Patentes qui commettent Baudu pour le Recouvrement. Tome I. 105
1610. 29. *Juillet.* Arrest qui ordonne que les Rolles & Taxes seront rapportés au Conseil, ensemble l'Etat de la Recette & dépense faites par Baudu. Tome I. 113
1613. 22. *Octobre.* Lettres Patentes qui levent la surseance, & chargent Robert Renoüard du Recouvrement. Tome I. 119
22. *Octobre.* Lettres Patentes qui mettent Robert Renoüard aux droits de Maître Jean Baudu. Tome I. 120
9. *Novembre.* Ordonnance de la Chambre qui nomme le Sieur Vaset, au lieu & place de Robert Renoüard. Tome I. 122
1633. 20. *Juillet.* Bail à Charles Froger. Tome I. 131
17. *Septembre.* Arrest qui ordonne l'execution du Bail de Froger. Tome I. 134
3. *Decembre.* Autre Idem. Tome I. 136

1633. 13. *Aoust.* Lettres Patentes. Idem. Tome I. 138

Baux, Traités, Comptes, Quittances, Fermiers & Commis.

1634. 9. *May.* Reglement des Commissaires qui oblige le Fermier à rapporter un Etat de tous ses Commis & subrogés. Tome I. 142

1639. 19. *Avril.* Declaration qui ordonne le recouvrement, & charge Charles Martinet de le faire, Tome I. 176

30. *May.* Ordonnance de la Chambre qui fixe les Droits d'enregistrement aux Commis. Tome I. 187

1641. 26. *Fevrier.* Bail fait à Nicolas Niclot pour six années. Tome I. 232

11. *Septembre.* Arrest qui ordonne que les Ecclesiastiques qui ont fait des payemens au sieur Pidou, remettront au sieur de la Ruelle les Quittances. Tome I. 272

23. *Octobre.* Arrest portant que les Beneficiers qui ont payé des sommes plus fortes que celles ausquelles ils ont été taxés en l'Assemblée de Mantes, remettront les copies des Quittances du sieur Pidou. Tome I. 273

1642. 11. *Janvier.* Arrest qui accorde les deux sols pour livre, sur les six Recettes de l'Ordre de Saint Jean de Jerusalem. Tome I. 281

12. *Juillet.* Arrest qui deffend à Paleologo, Traitant du Franc-Aleu, de poursuivre les Ecclesiastiques. Tome I. 284

1652. 30. *Decembre.* Lettres qui nomment Maistre Jean Girard Cleopet pour expedier les Quittances. Tome I. 311

1653. 2. *Juin.* Arrest portant que le recouvrement sera fait par Urbain Menant, sur les Quittances de Simon Prevost Controlleur. Tome I. 317

1655. 30. *Decembre.* Arrest qui décharge les Traitans de compter en détail. Tome I. 362

1656. 20. *Juin.* Declaration qui charge Jean Charron, du vingtiéme de la valeur des Fiefs. Tome I. 365

Premier Aoust. Arrest pour le recouvrement, sous le nom de Jean Charron. Tome I. 369

Novembre. Edit d'affranchissement. Tome I. 372

1657. 25. *Juin.* Lettres Patentes en execution de l'Edit de 1656. & qui nomment Gabriel Dallet au lieu de Menant. Tome I. 387

1658. 24. *Octobre.* Arrest qui ordonne que les Traitans & Fermiers seront tenus de rendre compte. Tome I. 445

1660. 30. *Juin.* Arrest Idem. Tome I. 507

1663. 4. *Juillet.* Arrest qui ordonne que Dallet comptera à la Chambre de Justice. Tome I. 548

1672. 9. *Aoust.* Arrest qui commet les Receveurs des Tailles, pour le recouvrement. Tome I. 574

20. *Septembre.* Arrest qui ordonne que les redevables representeront leurs Quittances devant les Subdelegués. Tome I. 577

1673. 25. *Fevrier.* Arrest qui ordonne que les Exploits seront controllés dans huitaine. Tome II. 7

11. *May.* Arrest qui ordonne qu'il sera informé des compositions illicites & exactions faites par les preposés au recouvrement. Tome II. 14

29. *Juillet.* Arrest qui ordonne que les Traitans seront tenus de

Baux, Traités, Comptes, Quittances, Fermiers & Commis.

donner des Etats de leurs recette. Tome II. 21

1673. 5. *Aoust.* Arrest qui ordonne qu'il sera tenu des Registres de recette. Tome II. 23

2. *Decembre.* Arrest portant que les Traitans feront expedier des Quittances. Tome II. 31

1674. 13. *Janvier.* Arrest qui ordonne que les deniers provenans des saisies réelles, seront délivrés par préference au Fermier. Tome II. 37

10. *Fevrier.* Arrest qui déclare nuls tous les Recepissés des Traitans qui n'ont point été representés. Tome II. 39

11. *Mars.* Arrest à même fin. Tome II. 40

1675. 6. *Mars.* Arrest qui ordonne la conversion des Recepissés de Dallet, en quittance du Tresor Royal. Tome II. 56

9. *Mars* Arrest qui ordonne que les Traitans rapporteront les Rolles & les Etats de recette. Tome II. 58

9. *Mars.* Arrest qui déclare nulles les Quittances de Dallet, qui n'ont point été representées dans le temps. Tome II. 60

24. *May.* Arrest contre les Commis pour leurs malversations. Tome II. 64

1677. 13. *Fevrier.* Arrest qui subroge les Sous-Traitans, Commis ou preposés à Viallet, à la poursuite des saisies réelles. Tome II. 85.

14. *Aoust.* Arrest qui ordonne que faute par les redevables, de rapporter les Quittances paraphées, ils seront contraints au payement des Droits, & qui fait deffenses de se pourvoir contre les Traitans, pour raison des sommes reçûës. Tome II. 88

1678. 4. *Janvier.* Arrest qui ordonne que les Traitans donneront des Etats des sommes par eux reçûës, & des Quittances qu'ils ont délivrées. Tome II. 91

1679. 7. *Janvier.* Arrest qui décharge les Traitans des demandes faites contr'eux pour raison des Quittances. Tome II. 93

1680. *Premier Juin.* Arrest portant que François Juillet, fera le recouvrement des Franc-Fiefs en Flandres. Tome II. 94

1682. 23. *May.* Arrest qui ordonne la representation des Recepissés des Traitans. Tome II. 108

1684. 19. *Aoust.* Arrest qui ordonne que le Traitant sera tenu de compter. Tome II. 110

12. *Septembre.* Arrest portant que le Traitant sera tenu de remettre au Conseil des Etats de sa recette. Tome II. 111

1689. 27. *Aoust.* Arrest qui commet Jean Fumée, pour le recouvrement des Droits d'Amortissement & de nouvel Acquêt. Tome II. 125

1690. 14. *Mars.* Arrest portant que les deux sols pour livre des Droits, seront payés sur les Quittances de Fumée. Tome II. 140

11. *Avril.* Arrest qui permet à Fumée de consentir à la deduction du huitiéme en faveur des Fabriques. Tome II. 145

14. *Octobre.* Arrest qui regle la forme des Quittances. Tome II. 166

7. *Novembre.* Arrest pour faire fournir des Etats de frais d'Amortissement &c. en chaque Province, par les Commis du Fermier. Tome II. 167

1691. 23. *Janvier.* Arrest portant distraction du Droit d'Amortissement de

de la Ferme du Domaine de Roussillon. Tome II. 178

Baux, Traités, Comptes, Quittances, Fermiers & Commis.

1692. 16. *Aoust.* Arrest qui regle la forme du recouvrement. Tome II. 203
11. *Novembre.* Arrest qui ordonne que les Greffiers & Notaires & autres personnes publiques, fourniront des Extraits aux Fermiers. Tome II. 211
1693. 12. *Septembre.* Arrest qui ordonne que les Greffiers des Officialités, des Chambres Ecclesiastiques & des Insinuations &c. representeront leurs Registres & Actes. Tome II. 251
22. *Septembre.* Arrest portant que ceux qui rapporteront des Quittances d'affranchissement, dans lesquelles les noms des Fiefs ne seront pas expliqués en détail, payeront la moitié des sommes y contenuës. Tome II. 255
22. *Septembre.* Arrest qui ordonne que les Recepissés du Fermier serviront de Quittance. Tome II. 257
1694. 9. *Fevrier.* Arrest qui subroge la Province de Languedoc, au Traité de Fumée, pour faire le recouvrement. Tome II. 279
16. *Fevrier.* Declaration qui ordonne que le recouvrement sera fait en Bourgogne, par Fumée. Tome II. 281
23. *Mars.* Arrest en faveur des Commis. Tome II. 292
22. *Juin.* Arrest en faveur des Commis. Tome II. 302
9. *Novembre.* Arrest qui ordonne qu'il ne sera expedié qu'une Quittance de Franc-aleu, pour chaque Ville, Bourg & Paroisse. T. II. 328
1695. 15. *Octobre.* Arrest qui réduit & modere le Droit de Quittance du Tresor Royal. Tome II. 333
18. *Octobre.* Arrest qui ordonne que les Traitans & Commis representeront leurs Registres aux Intendans. Tome II. 334
22. *Novembre.* Declaration qui ordonne le recouvrement en Flandres, à la requeste de Bidel. Tome II. 335
1696. 4. *Septembre.* Arrest pour faire retirer par les Gens de Main-morte les Quittances d'Amortissemens. Tome II. 349
26. *Novembre.* Arrest qui ordonne que les Sous-Traitans de Fumée lui fourniront des Etats de leur recette. Tome II. 353
29. *Decembre.* Arrest qui surseoit aux poursuites pour les Franc-Fiefs; & ordonne que les Traitans compteront. Tome II. 365
1700. 9. *Mars.* Declaration portant Reglement. Tome II. 366
16. *Mars.* Arrest qui ordonne qu'Etienne Chaplet fera le recouvrement des Droits de Franc-Fiefs, d'Amortissement & de nouvel Acquêt. Tome II. 378
16. *Mars.* Arrest qui ordonne que Maistre Etienne Chaplet joüira pendant quatre années. Tome II. 381
11. *May* Arrest qui décharge les Traitans & Sous-Traitans, de rapporter partie de leur remise. Tome II. 383
25. *May.* Arrest qui ordonne que les anciens Traitans des Amortissemens & Franc-Fiefs, donneront des Etats de leur recette. Tome II. 385
2. *Novembre.* Arrest qui décharge les Extraits des Notaires, du Controlle des Actes, & du petit-Scel. Tome II. 389
1701. 9. *Aoust.* Arrest qui ordonne que les Greffiers & autres person-

Baux, Traités, Comptes Quittances, Fermiers & Commis.

nes publiques, donneront communication de leurs Registres & Minutes, & délivreront des Extraits. Tome II. 399

1701. 29. *Octobre*. Arrest concernant les déclarations, oppositions & poursuites pour les Franc-Fiefs & nouveaux Acquêts. T. II. 403

12. *Novembre*. Arrest portant Reglement pour les frais. Tome II. 405

1702. 16. *Juillet*. Declaration portant Reglement & révocation du Bail de Chaplet. Tome II. 413

Premier Aoust. Arrest portant que les Gens de Main-morte, seront tenus de faire enregistrer leurs Titres par les Receveurs des Domaines, & de payer les deux sols pour livre, dont moitié appartiendra au Controlleur, en execution de l'Edit de Decembre 1702. Tome II. 418

12. *Septembre*. Arrest qui ordonne que les Sous-Traitans donneront des Etats de leur recette. Tome II. 420

1703. 30. *Janvier*. Arrest qui ordonne l'expedition pour les Quittances des Franc-Fiefs. Tome II. 426

13. *Mars*. Arrest qui ordonne que les Usages imposés, seront payés par les Receveurs des Tailles à Chaplet. Tome II. 427

20. *Novembre*. Arrest pour l'expedition des Quittances pour les Amortissemens & nouvel Acquêt. Tome II. 432

1704. 4. *Juillet*. Arrest qui modere au quart, les Droits des saisies mobiliaires faites par Chaplet. Tome II. 437

4. *Octobre*. Declaration servant de Reglement. Tome II. 439

21. *Octobre*. Arrest qui commet Maistre Etienne Chaplet, pour l'execution de la Declaration du 4. Octobre 1704. Tome II. 446

1705. 10. *Fevrier*. Arrest qui ordonne aux Notaires, Tabellions & Greffiers de délivrer des Extraits des Contrats de vente, &c. T. II. 451

Aoust. Edit portant revocation des Privileges aux Officiers de Judicature, Police & Finances. Tome II. 463

1706. 2. *Mars*. Arrest qui ordonne que Chaplet, sera tenu de compter des Droits d'Amortissement, de nouvel Acquêt, & de la finance payée, par la dispense de prendre des Lettres d'Amortissement. Tome II. 472

25. *May* Arrest qui ordonne de fournir à Martin Aubert, subrogé à Chaplet, des déclarations par les domiciliés dans les lieux où les rentes sont reputées meubles. Tome II. 478

1707. 25. *Janvier*. Arrest pour faire percevoir le Droit d'Amortissement de la Province de Roussillon, par les Receveurs Generaux des Domaines de Montpellier. Tome II. 489

1708. *May*. Edit qui ordonne le recouvrement depuis 1702. & en fait une Ferme pour l'avenir. Tome II. 495

22. *May*. Arrest qui commet Loüis le Lievre, pour faire le recouvrement. Tome II. 503

28. *Juillet*. Declaration qui ordonne que le recouvrement sera fait par le Lievre, sur les Rolles arrêtés au Conseil, pour en compter; au lieu que suivant le Resultat, il devoit être fait sur les contraintes, Tome II. 506

1708. 23. *Octobre.* Declaration qui ordonne que la moitié des Droits sera remise à Claude L'heritier, pendant le cours de son Bail, par les Receveurs créés, ou par les Commis preposés, sur ses Quittances. Tome II. 409

Baux, Traités, Comptes Quittances, Fermiers & Commis.

1709. 31. *Decembre.* Declaration qui ordonne qu'en attendant la vente des Offices de Receveurs, le recouvrement sera fait à la Requeste de Loüis le Lievre. Tome II. 521

1710. 5. *Aoust.* Arrest qui ordonne que les Sous-Traitans, en execution de la Declaration de 1700. seront tenus de compter. Tome II. 528

Septembre. Edit de suppression des Receveurs, ordonne qu'il sera fait un Bail des Droits. Tome II. 531

1711. 14. *Avril.* Arrest qui ordonne l'execution de l'adjudication, portant Bail à Sadet. Tome II. 542

1712. 5. *Janvier.* Arrest qui ordonne que le recouvrement sera fait sur les simples contraintes & Quittances du Fermier. Tome II. 554

21. *Juin.* Arrest qui ordonne qu'il sera expedié des Quittances en execution de la Declaration de 1700. Tome II. 563

1714. 14. *Aoust.* Arrest qui ordonne que les revenus des biens saisis, seront délivrés par préference. Tome II. 575

1715. *Fevrier.* Edit qui ordonne un nouveau Bail des Amortissemens, Franc-Fiefs & Usages. Tome II. 580

16. *Fevrier.* Arrest qui ordonne l'execution dudit Bail à Guillaume Normand. Tome II. 591

2. *Juillet.* Arrest qui décharge un Fermier d'une assignation au Grand Conseil, pour raison des Droits. Tome II. 596

9. *Juillet.* Arrest pour l'indemnité de la Generalité de Caën, dûë au Fermier pour la non-jouissance des Droits d'Usages. Tome II. 599

21. *Decembre.* Arrest, Idem. Tome II. 610

1716. 11. *Janvier* Arrest qui commet Toussaint de la Lande, pour le recouvrement des Droits dûs par les possesseurs dont les Privileges ont été revoqués. Tome III. 1

15. *Fevrier.* Arrest pour l'indemnité du Fermier, pour la Province de Bourgogne, pour les Usages. Tome III. 5

16. *May.* Arrest qui modere les Droits de Controlle des Exploits. Tome III. 6

27. *Juin.* Declaration en faveur des Fermiers & Employés, au sujet des poursuites pour la Chambre de Justice. Tome III. 7

4. *Juillet.* Arrest qui ordonne que les Commis au Controlle des Actes, communiqueront leurs Registres. Tome III. 10

Premier Septembre. Arrest qui commet Frederic Solde à René Richard, pour les Generalités de Paris, Orleans & Flandres. T. III. 11

5. *Septembre.* Arrest qui subroge la Province de Bretagne, au Bail des Franc-Fiefs de la Province. Tome III. 12

5. *Septembre.* Arrest pour l'indemnité du Fermier des Usages, dans la Generalité de Caën. Tome III. 16

14. *Novembre.* Arrest qui subroge Charles le Noir à Toussaint de la Lande. Tome III. 18

Baux, Traités, Comptes Quittances, Fermiers & Commis.

1717. 9. *Janvier.* Arrest qui ordonne à Sadet & ses Sous-Fermiers, de remettre à Guillaume le Normand, ce qu'ils ont reçû des Usages au delà de leurs Baux. Tome III. 20

13. *Mars.* Arrest qui regle les sommes qui doivent revenir aux Traitans & Fermiers, sur l'abonnement des Fiefs Boursaux du Perche. Tome III. 24

1718. 11. *May.* Arrest qui décharge un Fermier d'une demande portée au Conseil Privé, & renvoyée au Conseil des Finances. Tome III. 49

1719. 27. *Janvier.* Arrest qui décharge les Baux de l'entregistrement dans les Bureaux des Finances. Tome III. 81

7. *Mars.* Arrest qui résilie la subrogation faite aux Etats de Bretagne, pour les Droits de Franc-Fiefs. Tome III. 90

Avril. Edit portant attribution de deux sols pour livre, en faveur de l'Ordre de Saint Loüis. Tome III. 95

4. *Avril.* Arrest qui défend aux Fermiers de faire des Abonnemens. Tome III. 110

15. *Juin.* Arrest pour les exemptions des Commis. Tome III. 118

Premier Juillet. Arrest concernant l'Ordre de Saint Loüis. T. III. 120

18. *Juillet.* Arrest qui décharge le Fermier de l'assignation à lui donnée à la Cour des Aydes, à la Requeste des Hospitalieres de Vire, sauf à se pourvoir au Conseil. Tome III. 121

22. *Aoust.* Arrest qui accorde trois années aux Fermiers, pour former la demande des Droits à eux dûs. Tome III. 123

27. *Aoust.* Arrest qui résilie les Baux des Fermes, & accorde le Bail des Fermes à la Compagnie des Indes. Tome III. 130

Premier Septembre. Arrest de prise de possession, sous le nom d'Armand Pillavoine. Tome III. 134

23. *Septembre.* Arrest qui annulle les publications faites pour les Sous-Fermes. Tome III. 137

26. *Octobre.* Arrest qui établit des Commis pour la Regie. Tome III. 138

1720. 22. *Mars.* Arrest qui ordonne que l'ancien Fermier remettra à Pillavoine les sommes par lui reçûës pour abonnement, au delà de son Bail. Tome III. 146

1721. 5. *Janvier.* Arrest qui résilie le Bail fait à Armand Pillavoine. Tome III. 159

11. *Janvier.* Arrest de prise de possession des Fermes, pour être régies sous le nom de Charles Cordier. Tome III. 161

17. *Janvier.* Arrest qui permet à Cordier de résilier les Baux & sous-Baux. Tome III. 164

8. *Mars.* Sentence des Tresoriers de France, pour faire payer à Frederic Sold les deux sols pour livre, attribués à l'Ordre de Saint Loüis. Tome III. 167

3. *Avril.* Ordonnance du Conseil de Monsieur le Duc d'Orleans, portant que les Commis au Controlle & Insinuations qui lui appartiennent, donneront communication de leurs Registres aux Fermiers. Tome III. 173

1721. 17. *May.* Arrest qui ordonne que le recouvrement des Droits, dûs par les possesseurs des Fiefs, dont les Privileges & exemptions ont été revoqués, sera fait par Charles Cordier. Tome III. 173

Baux, Traités, Comptes, Quittances, Fermiers & Commis.

18. *Juillet.* Arrest qui subroge Jacques Goizon à Louis Rousselet. Tome III. 190

19. *Aoust.* Arrest qui ordonne que le recouvrement dû par les possesseurs, dont les Privileges ont été revoqués, sera fait sur les contraintes de Cordier. Tome III. 195

29. *Aoust.* Arrest qui enjoint aux Notaires de faire mention de la nature des Biens, & pour les Fiefs de désigner d'où ils relevent. T. III. 200

5. *Septembre.* Arrest de continuation de Regie des Fermes, sous le nom de Cordier. Tome III. 203

25. *Septembre.* Arrest concernant les comptes des Droits payés par les possesseurs dont les Privileges & exemptions ont été revoqués. Tome III. 207

30. *Septembre.* Arrest qui reduit à six sols le Controlle des Exploits pour les Fermiers. Tome III. 212

18. *Octobre.* Arrest qui ordonne la publication des Fermes, pour un Bail de six années. Tome III. 213

30. *Decembre.* Arrest qui accorde un nouveau délai au Fermier, pour former leurs demandes des Droits qui leur appartiennent. Tome III. 235

1722. 6. *Fevrier* Arrest qui regle le Controlle des Exploits. Tome III. 253

12. *Fevrier.* Arrest qui commet le Sieur Verron, pour recevoir les Droits de nouvel Acquêt en Flandres. Tome III. 257

6. *Mars.* Arrest portant Reglement sur les Inscriptions de faux contre les Procès-verbaux des Commis. Tome III. 260

11. *Mars.* Ordonnance de Monsieur le Duc d'Orleans à ses Commis, de communiquer leurs Registres. Tome III. 265

13. *Mars.* Arrest portant qu'il sera tenu compte au Fermier de 6000. livres pour les Usages de la Province de Bourgogne. Tome III. 266

5. *May.* Arrest qui juge que le Droit d'Amortissement est dû au Fermier en place, du jour du decès des Testateurs. Tome III. 272.

15. *May.* Arrest qui liquide l'indemnité des Fermiers des Usages de Lille. Tome III. 274

15. *May.* Arrest Idem pour les Usages de Franche-Comté. Tome. III. 276

5. *Juin.* Arrest qui subroge Jean Thomas au lieu de Loüis le Lievre, pour les Droits anterieurs au mois de May 1708. Tome III. 279

30. *Juin.* Arrest qui ordonne que les Droits dûs par les Possesseurs, dont les Exemptions ont été revoquées, seront payés à Charles Cordier. Tome III. 281

22. *Septembre.* Arrest pour faire payer à Greslet une indemnité sur les Usages de Lille. Tome III. 313

1723. 12. *Avril.* Arrest qui accorde à Antoine Petit, Sous-Fermier, deux années en Languedoc & Provence, & une année en Dauphiné, pour faire ses diligences. Tome III. 378

Baux, Traités, Comptes, Quittances, Fermiers & Commis.

1723. 19. *Avril.* Arrest qui liquide une indemnité dûë au Fermier. Tome III. 379

26. *Avril.* Arrest qui ordonne que les Droits dûs par un Controlleur d'un Grenier à Sel, seront payés à Cordier, comme chargé du recouvrement des Droits dûs par les Officiers dont les Privileges ont été supprimés. Tome III. 386

15. *Novembre.* Arrest concernant les demandes des anciens Fermiers. Tome III. 466

24. *Decembre.* Arrest portant distraction de la Regie generale des Fermes, faite par Cordier, des Droits d'Amortissemens & Franc-Fiefs, pour estre regis. Tome III. 485

28. *Decembre.* Arrest qui commet Nicolas Poirier, pour la Regie du Controlle des Actes, Domaines, Formules Amortissemens, Franc-Fiefs & Greffes. Tome III. 487

1724. 2. *May.* Arrest qui subroge Charles Basset, à Poirier. Tome III. 511

23. *May.* Arrest qui ordonne que le Droit d'Amortissement est dû au Fermier, du jour de la mort du Testateur. Tom III. 522

28. *Novembre.* Arrest qui ordonne que Basset fera la recette des Droits en Franche-Comté, hors les cas exceptés par la Déclaration du 28. Mars 1693. Tome III. 572

19. *Decembre.* Arrest qui charge Basset de faire le recouvrement des Droits dûs à Cordier. Tome III. 581

1725. *Juin.* Edit portant que les Receveurs des Domaines & Bois, feront la recette des Droits, avec attribution des deux sols pour livre en leur faveur. Tome III. 603

1726. 5. *Fevrier.* Arrest qui donne la préference aux Fermiers, sur les Fruits des Biens saisis sujets ausdits Droits. Tome III. 615

1727. 14. *Janvier.* Arrest qui juge que l'Amortissement est dû au Fermier du temps des acquisitions, sans avoir égard à la prétention que les deniers procedoient d'un legs, faute d'en avoir fait déclaration par le Contrat. Tome III. 567

DECLARATIONS, PROCEDURES, POURSUITES, Frais, Surseances, Rolles des Tailles, & Abonnemens.

Declarations, Poursuites, Frais, Surseances, Rolles des Tailles & Abonnemens.

1324. 7. *Janvier.* Ordonnance.

Article VIII. portant confiscation des Acquisitions à l'avenir, faute de païer dans l'an & jour. Tome I. 17

1520. 6. *Septembre.* Lettres Patentes portant Commission au Bailly de Chartres, de faire donner par les Gens d'Eglise & de Main-morte, les déclarations de leurs Biens. Tome I. 32

1547. 7. *Janvier.* Lettres Patentes pour faire fournir par les Gens de Main-morte & Roturiers, les déclarations de leurs Biens. Tome I. 54

2. *Septembre.*

Procedures, Poursuites, Declarations, Frais, Surseances, Taxes, & Abonnemens.

1547. 2. *Septembre.* Lettres Patentes à même fin. Tome I. 59

1549. 19. *May.* Lettres Patentes concernant les déclarations qui doivent être fournies par les Gens d'Eglise & Roturiers. Tome I. 63

1551. 2. *Septembre.* Ordonnance qui enjoint aux Gens de main-morte & Roturiers de faire leurs déclarations, sur peine de confiscation des Biens récellés & non déclarés. Tome I. 76

1571. 5. *Septembre.* Lettres Patentes tendantes à même fin. Tome I. 79

1579. 5. *Septembre.* Lettres Patentes pour les Déclarations, les Saisies & les Lettres d'Amortissement. Tome I. 82

1609. 2. *Avril.* Lettres Patentes concernant la forme des Déclarations dans le Ressort du Parlement de Paris. Tome I. 103

11 *Juillet.* Ordonnance pour les Déclarations & le rapport des Baux. Tome I. 108

1610. 18. *Juin.* Lettres Patentes pour la confection des Rolles & Taxes dans le Parlement de Paris. Tome I. 109

29. *Juillet.* Arrest de surseance, & ordonne que les Rolles seront verifiés dans le Ressort du Parlement de Paris. Tome I. 113

1613. 22. *Octobre.* Lettres Patentes pour faire fournir des déclarations des Biens, ordonnent la levée de la surseance ci-dessus, & continuent la levée sur le pied d'une année de revenu. Tome I. 119

9. *Novembre.* Ordonnance de la Chambre, pour faire fournir des déclarations dans le Ressort du Parlement de Paris. Tome I. 122

1622. *Premier Octobre.* Ordonnance des Commissaires, pour faire saisir les Biens dont les Proprietaires n'ont point fait de déclarations, que par des Contraintes. Tome I. 126

1633. 13. *Aoust.* Lettres Patentes pour les Déclarations & les Etats des Fiefs, que les Greffiers & Notaires seront tenus de fournir. Tome I. 138

1634. 9. *May.* Reglement des Commissaires pour les Procedures, les Contraintes & les Frais. Tome I. 142

3. *Aoust.* Ordonnance qui ordonne la Saisie des Biens sujets aux Droits & autres, faute de déclarations Tome I. 161

3. *Aoust.* Autre concernant la forme des déclarations qui seront données pardevant Notaires, &c. Tome I. 162

3. *Aoust.* Autre portant défenses aux Commis, de recevoir auparavant que les déclarations ayent été fournies, & les Rolles arrêtés. Tome I. 163

4. *Aoust.* Arrest portant renvoy devant les Commissaires, de la Requête du Clergé, cependant fait main-levée des Saisies sur les Hôpitaux & autres lieux pieux Tome. I. 165

1639. 19. *Avril.* Declaration qui ordonne de fournir des déclarations. Tome I. 176

30. *May.* Ordonnance des Commissaires, qui fixe les Droits d'enregistrement. Tome I. 187

18. *Juillet.* Autre portant permission de saisir le tiers des Biens, faute de donner des déclarations. Tome I. 187

29. *Août.* Reglement de la Chambre, qui taxe les frais des Amortissemens. Tome I. 189

5. *Septembre.* Ordonnance des Commissaires, qui permet d'infor-

Procedures, Pourſuites, Declarations, Frais, Surſeances, Taxes, & Abonnemens.

mer pour les défectuoſités dans les déclarations des Amortiſſemens. Tome I. 190

1639. 26. *Septembre.* Reglement qui doit être obſervé par les Commiſſaires Subdelegués, pour les Droits d'Amortiſſement. Tome I. 191

29. *Septembre.* Ordonnance portant que les déclarations juſqu'à la valeur de cent livres de revenu, ſeront reçûës par un Huiſſier, pour les lieux éloignés de quatre lieuës de la demeure des Subdelegués, pour les Gens de Main-morte. Tome I. 194

3. *Octobre.* Ordonnance qui regle la forme des déclarations pour les Gens de Main-morte. Tome I. 195

24. *Octobre.* Ordonnance portant que les Collecteurs, Greffiers, Notaires, Fermiers & Locataires, communiqueront les Rolles, Baux & autres enſeignemens, des Biens de Main-morte. Tome I. 198

24. *Octobre.* Ordonnance portant que les Gens de Main-morte payant Decimes, ſeront tenus d'en juſtifier. Tome I. 199

24. *Octobre.* Ordonnance porant que les Gouverneurs, Adminiſtrateurs, Marguilliers, Recteurs & autres, ſeront tenus de donner des déclarations, ſinon contraints de payer en leurs noms. Tome I. 201

21. *Novembre.* Ordonnance qui regle les déclarations des Gens de Main-morte non payant Décimes, & les frais des Pourſuites contre eux. Tome I. 203

28. *Novembre.* Ordonnance contre les Gouverneurs, Adminiſtrateurs, Marguilliers, &c. faute d'avoir fourni des déclarations. Tome I. 204

1640. 19. *Janvier.* Ordonnance pour le payement par proviſion, de la moitié des Taxes. Tome I. 206

26. *Janvier.* Ordonnance portant que les déclarations ſeront fournies trois jours après le Commandement. Tome I. 207

30. *Janvier.* Ordonnance portant Reglement pour les frais de contrainte, Tome I. 208

16. *Fevrier.* Ordonnance contre les Beneficiers payant Décimes, pour les déclarations qu'ils doivent faire. Tome I. 209

27. *Fevrier.* Ordonnance portant que les Greffiers & Receveurs des Décimes, donneront des Copies des Rolles des Beneficiers payant Décimes. Tome I. 211

27. *Fevrier.* Ordonnance qui permet aux Communautés, de vendre & aliener à temps, les Biens pour le payement des Taxes. Tome I. 212

27. *Fevrier.* Arreſt de la Chambre, portant Reglement pour les Saiſies réelles. Tome I. 214

19. *Mars.* Ordonnance pour la Taxe des Huiſſiers. Tome I. 217

26. *Avril.* Ordonnance concernant les déclarations pour les Droits d'Amortiſſemens. Tome I. 218

3. *May.* Ordonnance portant que les Fermiers des Gens de Main-morte, ſeront contraints au païement du tiers des Loyers ſaiſis en pure perte, faute de déclarations. Tome I. 221

10. *May.* Ordonnance. Les Marguilliers, Adminiſtrateurs & autres contraints en leurs noms, faute d'avoir fait faire des Publications pour vendre ou aliener. Tome I. 222

Procedures, Poursuites, Declarations, Frais, Surseances, Taxes, & Abonnemens.

1640. 6. *Octobre.* Arrest portant que les Revenus des Beneficiers païant Décimes, seront saisis. Tome I. 224

12. *Decembre.* Arrest portant surseance à l'execution des Declarations & Arrest des dernier Fevrier, 6. & 24. Octobre 1640. Tome I. 231

1641. 10. *Aoust.* Arrest portant que les sommes reçûës des Ecclesiastiques, depuis l'Arrest du 12. Decembre, leur seront renduës. Tome I. 248

1647. 18. *Septembre & 5. Decembre.* Arrests contre les Locataires. Tome I. 298. 300

1652. 29. *Decembre.* Declaration portant Reglement general. Tome I. 302

1653. 2. *Juillet.* Arrest de la Chambre pour l'execution des déclarations des 29. & 30. Decembre 1652. Tome I. 318

2. *Juillet.* Reglement de la Chambre, pour les Procedures, Taxes des frais & déclarations. Tome I. 323

1655. 26. *Janvier.* Ordonnance des Commissaires, pour les déclarations pour les Franc-Fiefs & Amortissemens. Tome I. 338

23. *Fevrier.* Reglement des Commissaires pour les Poursuites. Tome I. 342

1657. 17. *May.* Arrest qui ordonne l'execution des Rolles. Tome I. 383

17. *May.* Arrest à même fin, & en faveur des Employés. Tome I. 385

29. *Aoust.* Arrest de la Chambre, pour les Quittances & les frais. Tome I. 401

12. *Decembre.* Reglement de la Chambre, pour la valeur des Biens, l'expedition des Rolles, les frais & signification d'iceux, frais de Poursuites, &c. Tome I. 413

12. *Decembre.* Publication de la Chambre, pour la recherche des Franc-Fiefs & Amortissemens, &c. Tome I. 419

1658. 27. *Janvier.* Arrest de la Chambre, contre un prétendu Noble, sur une fausse déclaration. Tome I. 421

10. *Avril.* Arrêt de la Chambre, contre les Commissaires aux saisies Réelles. Tome I. 428

10. *Avril.* Arrest de la Chambre, qui ordonne la communication des Titres & enseignemens. Tome I. 430

29. *May.* Arrest de la Chambre, contre les Fermiers & Locataires des Redevables. Tome I. 431

3. *Juillet.* Arrest portant surseance en faveur des Ecclesiastiques. Tome I. 436

31. *Juillet.* Arrest de la Chambre, portant défenses de saisir les Bestiaux, & autres Biens que ceux sujets aux Droits Tome I. 441

1659. 12 *Fevrier.* Ordonnance pour les déclarations des Biens alienés par les Gens de Main-morte. Tome I. 464

18. *Juin.* Arrest de la Chambre, contre les Fermiers & Locataires. Tome I. 469

18. *Juin.* Arrest de la Chambre, contre les Fermiers des Fiefs, pour vuider leurs mains. Tome I. 475

1660. 17. *Mars.* Arrest de la Chambre, qui ordonne que les Redevables

Procedures, Poursuites, Declarations, Frais, Surseances, Taxes, & Abonnemens.

qui ont détourné les Biens saisis, seront contraints comme les Fermiers. Tome I. 489

1660. 12. *May.* Arrest de la Chambre, contre les Habitans de la Ville du Mans. Tome I. 497

23. *Juin.* Arrest de la Chambre, qui ordonne la Contrainte par corps, contre les Fermiers des Redevables. Tome I. 499

9. *Novembre.* Arrest contre les Habitans d'Angers. Tome I. 525

1661. 2. *Avril.* Arrest de surseance au Recouvrement. Tome I. 528

16. *May.* Arrest portant surseance au Recouvrement des Taxes, en execution de la Declaration de Decembre 1652. Tome I. 535

1672. 23. *Mars.* Declaration qui porte que les Biens qui seront obmis dans les déclarations, seront réünis au Domaine. Tome I. 562

26. *Mars.* Arrest pour faire fournir des déclarations, & representer les Baux. Tome I. 566

5. *Juillet.* Arrest qui modere le Droit de Controlle des Exploits. Tome I. 569

19. *Juillet.* Arrest qui regle la forme des déclarations, les délais, oppositions & Procedures, ordonne la representation des Baux, Titres & Quittances. Tome I. 570

9. *Aoust.* Arrest pour la Taxe des frais Tome I. 573

9. *Aoust.* Arrest qui commet les Receveurs des Tailles. Tome I. 574

20. *Septembre.* Arrest qui fait défense de receller les Effets des Redevables, & permet d'informer. Tome I. 575

20. *Septembre.* Arrest qui ordonne que ceux qui ont payé, seront tenus de representer leurs Quittances. Tome I. 577

23. *Novembre.* Arrest qui ordonne que les nouveaux Rolles seront arrêtés suivant les anciens. Tome I. 578

31. *Decembre.* Arrest qui ordonne que les Greffiers, Notaires, & autres personnes publiques, communiqueront leurs Registres & Minuttes. Tome I. 579

1673. 4. *Janvier.* Arrest qui ordonne que les Sous-Traitans seront tenus de déclarer leurs noms dans les Poursuites, & la maniere de proceder par les Avocats. Tome II. 1

25. *Fevrier.* Arrest portant que les Exploits seront controllés dans la huitaine. Tome II. 7

18. *Mars.* Arrest portant Reglement pour les frais. Tome II. 8

18. *Mars.* Arrest qui réünit au Domaine, les Biens qui n'auront point été déclarés. Tome II. 11

29. *Avril.* Arrest de surseance en faveur des Officiers servans dans les Troupes. Tome II. 13

29. *Juillet.* Arrest qui ordonne que le Recouvrement ne pourra être fait qu'en vertu des Rolles du Conseil. Tome II. 21

5. *Aoust.* Arrest qui ordonne que les Gens de Main-morte, fourniront leurs déclarations des Biens acquis depuis 1641. quoiqu'ils ayent payé les sommes contenuës aux Rolles. Tome II. 25

1674. 13. *Janvier.* Arrest qui ordonne que les Saisies réelles seront poursuivies aux Requêtes de l'Hôtel. Tome II. 37

1674. 7. *Avril.* Arrest qui continuë la surseance aux Officiers qui sont dans les Troupes. Tome II. 45

16. *Juin.* Arrest qui fixe le temps & la forme des Oppositions. T. II. 50

21. *Juillet.* Arrest qui ordonne que les Criées & Adjudications des Biens, seront faites aux principaux Bailliages des Villes où les Bureaux des Finances sont établis. Tome II. 52

11. *Aoust.* Arrest qui fait défense aux Avocats du Conseil, d'instruire les Instances ailleurs que devant les Commissaires. Tome II. 53

1675. 21. *Janvier.* Arrest qui ordonne que faute par les Possesseurs des Fiefs de donner des déclarations, les Biens nobles demeureront confisqués & réünis. Tome II. 55

9. *Mars.* Arrest qui annulle les Quittances non representées dans le temps prescrit, & ordonne le payement de trois années, nonobstant lesdites Quittances. Tome II. 60

30. *Mars.* Arrest qui ordonne qu'il sera pocedé par Saisie & Vente des Biens sujets aux Droits faute de payement. Tome II. 61

24. *May.* Arrest portant que les Intendans se transporteront dans les Elections, pour arrêter des Etats, & informer des malversations. Tome II. 64

31. *May.* Arrest qui ordonne que faute de faire juger dans un mois les Oppositions, les sommes consignées seront délivrées aux Traitans. Tome II. 66

19. *Octobre.* Arrest qui ordonne l'execution des Rolles, sans avoir égard aux décharges accordées par les Subdelegués. Tome II. 76

26. *Octobre.* Arrest qui ordonne la preference sur les deniers, des Biens saisis ou vendus. Tome II. 78

1676. 22. *Fevrier.* Arrest qui ordonne que les Opposans qui seront déboutés, seront condamnés aux dépens, & les frais taxés par les Intendans. Tome II. 79

1677. 13. *Fevrier.* Arrest qui ordonne que les Biens saisis seront vendus devant les Baillifs Sénéchaux, suivant la distance des lieux. T. II. 85

14. *Aoust.* Arrest qui fixe un temps pour faire juger les oppositions. Tome II. 88

1680. *Premier Juin.* Arrest qui regle la forme & le temps pour les déclarations des Franc-Fiefs en Flandres. Tome II. 96

1681. *Premier Fevrier.* Arrest qui regle depuis quel temps les Droits sont dûs en Flandres, & leurs cotités, par rapport à chaque temps de l'acquisition. Tome II. 102

22. *Fevrier.* Arrest pour faire fournir des déclarations aux Redevables, & des Extraits aux Notaires de Flandres. Tome II. 106

1684. 19. *Aoust.* Arrest de surseance au Recouvrement en Flandres. T. II. 110

1689. 22. *Novembre.* Arrest contre les Beneficiers, qui n'ont pas contribué à la somme du Contrat de Mantes, leur ordonne de donner des déclarations. Tome II. 128

31. *Decembre.* Arrest qui regle les déclarations à fournir pour les Amortissemens. Tome II. 132

Procedures, Poursuites, Declarations, Frais, Surseances, Taxes, & Abonnemens.

Procedures, Poursuites, Declarations, Frais, Surseances, Taxes, & Abonnemens.

1690. 24. *Janvier.* Arrest qui regle les frais de Poursuites & Contraintes. Tome II. 134
11. *Avril.* Arrest portant que les Rolles seront executés par provision contre les Gens de Main-morte. Tome II. 146
11. *Avril.* Arrest portant que les Administrateurs, Maires & autres, seront tenus de fournir des déclarations. Tome II. 149
25. *Avril.* Arrest portant que faute par les Gens de Main-morte de payer, ils seront contraints par Vente de leurs Immeubles. T. II. 150
22. *Aoust.* Arrest pour faire fournir des déclarations aux Gens de Main-morte. Tome II. 162
7. *Novembre.* Arrest qui ordonne qu'il sera arrêté des Etats des frais faits dans chacune Province. Tome II. 167
28. *Novembre.* Arrest qui ordonne que faute par les Gens de Main-morte, d'avoir satisfait au payement suivant les moderations, payeront le total. Tome II. 168
12. *Decembre.* Arrest portant que les Marguilliers donneront des déclarations des Rentes constituées par Dons & Legs. Tome II. 169
1691. 6. *Janvier.* Arrest qui accorde un nouveau délai pour lesdites déclarations. Tome II. 171
13. *Fevrier.* Arrest portant que les Communautés & Ecclesiastiques, donneront un Etat des Prestimonies, Chapelles, Obits & Confrairies, dont le Service se fait dans leur Eglise. Tome II. 184
21. *Aoust.* Arrest portant moderation des Droits en faveur des Curés, & autres Titulaires de Prestimonies, &c. Tome II. 185
13. *Octobre.* Arrest qui proroge le délai ci-dessus. Tome II. 187
20. *Novembre.* Arrest qui accorde un délai aux Ecclesiastiques, pour déclarer les Biens sujets aux Droits, & communiquer les Titres. Tome II. 189
1692. 26. *Fevrier.* Arrest qui ordonne que les Gens de Main-morte rapporteront les Contrats ensaisinés, & les feront homologuer T. II. 191
26 *Fevrier.* Arrest qui fixe le temps pour le payement des Droits. Tome II. 192
20. *May.* Arrest qui ordonne que les Redevables payeront ce qu'ils doivent pour les Clôtures non valablement amorties par Lettres anterieures à la Declaration de 1689. & pour les autres Biens, suivant la moderation, sinon déchus de la remise. Tome II. 194
11. *Octobre.* Arrest qui ordonne que ceux qui auront obmis de déclarer les Biens sujets aux Droits, payeront le triple des Droits. T. II. 207
11. *Novembre.* Arrest qui ordonne que les Greffiers, Notaires & autres personnes publiques, délivreront des Extraits Tome II. 211
9. *Decembre.* Arrest qui ordonne que les fruits des heritages sujets aux Droits, saisis, seront délivrés au Traitant par preference. T. II. 217
1693. 17. *Fevrier.* Arrest à même fin. Tome II. 223
17. *Mars.* Arrest qui fixe les délais pour le payement des Droits qui ne sont que de 100. liv. Tome II. 224
28. *Mars.* Declaration pour le payement du Droit dans le Comté

de Bourgogne, une fois seulement. Tome II. 225

Procedures, Poursuites, Declarations, Frais, Surseances, Taxes, & Abonnemens.

1693. 31. *Mars.* Arrest pour faire fournir par les Ecclesiastiques des Memoires, tendans à la moderation & décharge. Tome II. 227

28. *Avril.* Arrest qui fixe un délai pour fournir les déclarations. Tome II. 229

5. *May.* Arrest qui accorde un nouveau délay aux Gens de Mainmorte, pour fournir des Memoires tendans à la moderation & décharge. Tome II. 232

2. *Juin.* Arrest de Reglement pour la Taxe des frais. Tome II. 245

12. *Septembre.* Arrest qui ordonne que les Greffiers des Officialités des Chambres Ecclesiastiques, communiqueront les Registres & Actes. Tome II. 251

10. *Novembre.* Arrest qui ordonne que les Redevables qui auront acquiescé la liquidation des Droits, & se pourvoiront par opposition, seront déchus de la remise accordée. Tome II. 261

10. *Novembre.* Arrest qui ordonne que les Communautés Religieuses ausquelles il a été accordé des remises, payeront dans le premier Janvier, sinon déchuës. Tome II. 263

15. *Decembre.* Arrest pour faire donner par les Communautés Hospitalieres, des déclarations de leurs Biens & Immeubles acquis depuis 1600. Tome II. 273

1694 23. *Mars.* Arrest qui condamne un Bourgeois de Paris, à fournir sa déclaration des Biens qu'il possede en Franc-Aleu, hors la Ville & Fauxbourgs. Tome II. 294

3. *Avril.* Arrest portant que les Habitans des Villes abonnées, payeront les termes échûs, sinon les Rolles executés. Tome II. 295

22. *Juin.* Arrest qui ordonne que tous Possesseurs des Biens nobles en proprieté ou usufruit, fourniront leurs déclarations. Tome II. 302

6. *Juillet.* Arrest qui ordonne que les Habitans des Villes de Normandie, formeront & feront juger leurs oppositions dans le temps y marqué. Tome. II. 307

9. *Novembre.* Arrest qui fixe le temps pour fournir des déclarations, sous les peines y portées. Tome II. 325

1695. 28. *Avril.* Arrest concernant les oppositions formées aux Rolles. Tome II. 329

15. *Octobre.* Arrest qui modere les Droits de Quittances qui seront expediées par les Gardes du Tresor Royal. Tome II. 333

29. *Novembre.* Arrest concernant les Declarations en Flandes. T. II. 342

1696. 11. *Decembre.* Arrest qui regle les frais de Poursuites en Flandres. Tome II. 354

1697. 15. *Janvier.* Arrest qui ordonne qu'il ne sera plus reçû d'opposition, & les Rolles executés. Tome II. 356

23. *Juillet.* Arrest qui ordonne que les Possesseurs des Fiefs, qui seront convenus par écrit, ou entré en payement, ne pourront plus s'opposer. Tome II. 361

8. *Octobre.* Arrest pour faire donner des déclarations des Usages,

Procedures, Prourfuites, Declarations, Frais, Surſeances, Taxes, & Abonnemens.

dont joüiſſent les Commuuautés de Flandres. Tome II. 363

1699. 29. *Decembre*. Arreſt portant ſurſeance aux Pourſuites. Tome II. 365

1700. 9. *Mars*. Declaration ſervant de Reglement. Tome II. 366

16. *Mars*. Arreſt qui ordonne qu'il ſera fourni des déclarations par les Gens de Main-morte & Roturiers. Tome II. 378

21. *Septembre*. Arreſt portant que les Gens de Main-morte de Flandres, rapporteront leurs Contrats de vente pour payer, enſaiſinés, pour être confirmés par Arreſt. Tome II. 387

9. *Novembre*. Arreſt qui ordonne que les Religieux Mandians, Curés, Chapelains & autres titrés Beneficiers, qui n'auront pas payé ſur le pied de la moderation, ſeront tenus d'y ſatisfaire, ſinon déchûs. Tome II. 388

2. *Novembre*. Arreſt qui décharge du Controlle & du Scel, les Extraits qui ſeront délivrés pour les Amortiſſemens & Franc-Fiefs. Tome II. 389

19. *Avril*. Arreſt qui ordonne que les Gens de Main-morte, donneront des déclarations. Tome II. 394

19. *Juillet*. Declaration portant que les Gens de Main-morte, payeront les redevances, ou juſtifieront du rachat. Tome II. 398

9. *Aouſt*. Arreſt qui ordonne que les Notaires qui n'ont pas délivré les Extraits, ſeront tenus de le faire & de continuer à l'avenir, à peine, &c. Tome II. 399

29. *Octobre*. Arreſt qui regle la forme des Rolles & Procedures. Tome II. 403

12. *Novembre*. Arreſt qui regle les frais. Tome II. 405

1704. *Premier Juillet*. Arreſt portant reduction des Droits des ſaiſies mobiliaires. Tome II. 437

29. *Juillet*. Arreſt portant abonnement pour la Ville de Lyon, Lionnois & Baujollois. Tome. II. 434

21. *Octobre*. Arreſt qui regle les Droits de Controlle des Exploits, pour l'Amortiſſement des Rentes. Tome II. 446

1705. 24. *Janvier*. Arreſt qui ordonne que les Gens de Main-morte ſeront tenus de comprendre dans leurs déclarations, les Rentes conſtituées ſous d'autres noms. Tome II. 448

24. *Janvier*. Arreſt qui déboute les Gens de Main-morte, & les Roturiers poſſedans Fiefs de leurs oppoſitions, faute de les avoir fait juger dans les temps. Tome II. 449

10. *Fevrier*. Arreſt qui ordonne la communication des Titres & des Extraits par les perſonnes publiques, pour l'Amortiſſement des Rentes. Tome II. 451

7. *Avril*. Arreſt pour la pourſuite des ſaiſies dans les Juriſdictions ordinaires. Tome II. 456

25. *May*. Arreſt pour faire fournir des déclarations des Rentes par les Gens de Main-morte. Tome II. 478

22. *Juin*. Arreſt qui ordonne l'execution des Rolles, faute de déclarations des Rentes conſtituées. Tome II. 479

1707. 6. *Decembre*. Arreſt qui ordonne que les Gens de Main-morte & les Habitans

les Habitans de la Ville de Cambrai & du Cambresis, seront tenus de fournir des déclarations des Biens & Fiefs qu'ils possedent dans la Flandre. Tome II. 493

Procedures, Poursuites, Declarations, Frais, Surseances, Taxes, & Abonnemens.

1708. 29. *May.* Arrest qui ordonne aux Gens de Main-morte, de faire des déclarations des Rentes constituées à leur profit. Tome II. 504

28. *Juillet.* Arrest qui ordonne que le recouvrement sera fait en vertu des Rolles. Tome II. 506

1709. 12. *Mars.* Arrest de Reglement pour les frais, en execution de l'Edit de 1708. Tome II. 511

1710. 4. *Novembre.* Arrest qui regle la forme & les Jugemens des oppositions. Tome II. 537

9. *Decembre.* Arrest portant abonnement pour les Fiefs Boursaux du Perche. Tome II. 538

1712. 5. *Janvier.* Arrest qui ordonne que le recouvrement, sera fait sur la contrainte du Fermier, visée par les Intendans. Tome II. 554

22. *Novembre.* Arrest qui ordonne que les Maires, Consuls, Syndics & Marguilliers donneront des déclarations des Fiefs. Tome II. 565

1714. 23. *Janvier.* Arrest concernant les opposans. Tome II. 572

14. *Aoust.* Arrest qui ordonne que les Droits seront payés par préference sur les biens saisis qui y sont sujets. Tome II. 575

1716. 16. *May.* Arrest qui modere les Droits de Controlle des Exploits. Tome III. 6

4. *Juillet.* Arrest. Les Fermiers & Sous-Fermiers & Commis du Controlle & Insinuations, communiqueront sans déport leurs Registres aux Fermiers des Amortissemens où à leurs Commis, à peine de 300. livres d'amende. Tome III. 10

1717. 16. *Janvier.* Arrest qui fixe le Controlle des Exploits. Tome III. 22

1718. 24. *May.* Arrest qui ordonne que sans avoir égard aux oppositions des Maires & Echevins, & autres Officiers de Ville revoqués, les Rolles seront executés. Tome III. 51

1719. 20. *Fevrier.* Ordonnance de Monsieur l'Intendant de Flandres, pour donner des déclarations. Tome III. 86

29. *Mars.* Arrest qui ordonne la preference sur les Biens saisis sujets aux Droits. Tome III. 92

1721. 20. *Fevrier.* Ordonnance de Monsieur l'Intendant de Paris, qui ordonne que les Redevables feront juger leurs oppositions, sinon contraints. Tome III. 166

29. *Aoust.* Arrest qui enjoint aux Notaires, de faire mention de la nature des Biens, & de designer d'où relevent les Fiefs. Tome III. 200

30. *Septembre.* Arrest qui fixe le Controlle des Exploits. Tome III. 212

1722. 6. *Fevrier.* Arrest qui ordonne que les Commuautés Laïques de la Province d'Artois, fourniront des déclarations. Tome III. 245

6. *Fevrier.* Arrest qui fixe le Controlle des Exploits. Tome III. 253

6. *Mars.* Arrest de Reglement sur les Procès verbaux des Commis. Tome III. 260

11. *Mars.* Ordonnance de Monseigneur le Duc d'Orleans, portant

I

Procedures, Pourſuites, Declarations, Frais, Surſeances, Taxes & Abonnemens.

que les Commis au Controlle des Actes, appartenans à ſon Alteſſe, communiqueront leurs Regiſtres aux Commis. Tome III. 265

1722. 23. *Aouſt.* Arreſt qui ordonne que les deux ſols pour livre attribués, à l'Ordre de Saint Loüis, ſeront impoſés par les Villes abonnées conjointement avec le principal des Droits. Tome III. 302

6. *Octobre.* Arreſt qui fixe le temps des oppoſitions aux Contraintes. Tome III. 316

24. *Novembre.* Arreſt qui ordonne que les Habitans de la Ville de Roüen, fourniront des déclarations des Moulins & autres Biens nobles. Tome III. 331

1726. 5. *Fevrier.* Arreſt qui ordonne que les Droits ſeront payés par preference, ſur les Biens ſaiſis qui y ſont ſujets. Tome III. 615

ADDITION A LA TABLE
DES PRINCIPALES MATIERES.

1728. 28. *Decembre.* Arrest qui ordonne le Payement du Droit d'Amortissement pour Heritages nouvellement acquis, dont le prix a été payé des deniers provenus d'un remboursement d'une Rente pour laquelle d'anciens Heritages avoient été alienés à tems. Tome IV. page 9. *Liquidation, fixation ou quotité des Droits.*

FRANC-FIEFS.

1728. 19. *Octobre.* Arrest qui ordonne le payement d'une année de revenu pour des Rentes nobles, acquises à faculté de Remeré pendant neuf années. Tome IV. 7 *Fixation des Droits.*

USAGES.

1728. 3. *Fevrier.* Déclaration qui ordonne que toutes les sommes provenant des Impositions ordonnées par differens Arrests, pour le Droit de nouvel Acquêt ou Usages, par les Communautés Laïques, soient payés par les Receveurs Generaux & Particuliers des Pays d'Etats & autres, sur les Quittances de Loüis Bourgeois, ses Sous-Fermiers & Commis, pour les six années de son Bail, à commencer du premier Janvier 1721. jusqu'au dernier Decembre 1726. Tome IV. Page 1. *Baux, Traités, Comptes, Quittances, Fermiers & Commis.*

27. *Avril.* Arrest qui reforme l'Article XI. du Tarif du 29. Septembre, concernant l'Insinuation des Quittances d'Amortissement au-dessous de 500. liv. Tome IV. 4

FIN.

PRIVILEGE DU ROY.

LOUIS, par la grace de Dieu, Roy de France & de Navarre : A nos amés & feaux Conseillers, les Gens tenans nos Cours de Parlement, Maistres des Requestes ordinaires de notre Hostel, Grand Conseil, Prevost de Paris, Baillifs, Senéchaux, leurs Lieutenans Civils, & autres nos Justiciers qu'il appartiendra, SALUT. Notre bien amé PIERRE PRAULT, Libraire à Paris, Nous ayant fait remontrer qu'il souhaiteroit faire imprimer & donner au Public *Un Recüeil des Edits, Declarations, Ordonnances, Lettres Patentes, Arrests, Reglemens, Tarifs, Baux, Déliberations, Instructions, Traités, Commentaires, Exercices, & Procès verbaux concernant les Droits d'Aydes, Gabelles, Traittes, Domaines, Droits y joints, & autres rétablis & qui se perçoivent au profit du Roy ; avec les Tables Chronologiques, & le Memorial alphabetique de chacune matiere*, s'il nous plaisoit lui accorder nos Lettres de Privilege sur ce necessaires. A CES CAUSES, voulant traiter favorablement ledit Exposant, Nous lui avons permis & permettons par ces Presentes, de faire imprimer ledit Recüeil ci-dessus exposé, en tels volumes, formes, marges, caracteres, conjointement ou separément, autant de fois que bon lui semblera ; & de le vendre, faire vendre & debiter par-tout notre Royaume pendant le tems de *dix* années consecutives, à compter du jour de la datte desdites Presentes. Faisons défenses à toutes sortes de Personnes, de quelque qualité & conditions qu'elles soient, d'en introduire d'impression étrangere dans aucun lieu de notre obéïssance ; comme aussi à tous Libraires, Imprimeurs & autres, d'imprimer, faire imprimer, vendre, faire vendre, debiter ni contrefaire ledit Livre en tout ni en partie, ni d'en faire aucuns Extraits, sous quelque prétexte que ce soit, d'augmentation, correction, changement de Titre ou autrement, sans la permission expresse & par écrit dudit Exposant, ou de ceux qui auront droit de lui ; à peine de confiscation des Exemplaires contrefaits, quinze cens livres d'amende contre chacun des contrevenans, dont un tiers à Nous, un tiers à l'Hostel-Dieu de Paris, & l'autre tiers audit Exposant, & de tous dépens, dommages & interests : à la charge que ces Presentes seront enregistrées tout au long sur le Registre de la Communauté des Libraires & Imprimeurs de Paris, & ce, dans trois mois de la datte d'icelles ; Que l'impression de ce Livre sera faite dans notre Royaume & non ailleurs, en bon papier & beaux caracteres, conformément aux Reglemens de la Librairie ; & qu'avant que de l'exposer en vente, le Manuscrit ou Imprimé qui aura servi de copie à l'impression dudit Livre, sera mis dans le même état où l'Approbation y aura esté donnée, ès mains de notre cher & feal Chevalier Garde des Sceaux de France, le Sieur FLEURIAU D'ARMENONVILLE ;

Et qu'il en sera ensuite remis deux Exemplaires dans notre Bibliotheque Publique, un dans celle de notre Château du Louvre, & un dans celle de notre très-cher & feal Chevalier Garde des Sceaux de France, le Sieur FLEURIAU D'ARMENONVILLE, le tout à peine de nullité des Presentes; Du contenu desquelles, vous mandons & enjoignons de faire joüir l'Exposant ou ses ayans cause pleinement & paisiblement, sans souffrir qu'il leur soit fait aucun trouble ou empêchement. Voulons que la copie desdites Presentes, qui sera imprimée tout au long au commencement ou à la fin dudit Livre, soit tenuë pour dûëment signifiée; & qu'aux Copies collationnées par l'un de nos amés & feaux Conseillers-Secretaires, foi soit ajoûtée comme à l'Original. Commandons au premier notre Huissier ou Sergent, de faire pour l'execution d'icelles, tous Actes requis & necessaires, sans demander autre permission, & nonobstant clameur de Haro, Charte Normande, & Lettres à ce contraires: CAR tel est notre plaisir. DONNÉ à Paris le huitiéme jour du mois d'Avril, l'an de grace mil sept cens vingt-trois, & de notre Regne le huitiéme. Par le Roy en son Conseil.

Signé, CARPOT.

Registré sur le Registre V. de la Communauté des Libraires-Imprimeurs de Paris, Page 73. N° 549. conformément aux Reglemens, & notamment à l'Arrest du Conseil du 13 Aoust 1703.. A Paris le dix-neuf Juin mil sept cens vingt-trois.

Signé, BALLARD, Syndic.

www.ingramcontent.com/pod-product-compliance
Ingram Content Group UK Ltd.
Pitfield, Milton Keynes, MK11 3LW, UK
UKHW021139260726
13994UKWH00001B/219